DR. OETKER

PARTY REZEPTE

KONFETTI SALAT, MITTERNACHTSSUPPE, PFUNDSTOPF, SCHICHTSALAT . . .

DR. OETKER

PARTY REZEPTE

KONFETTI SALAT, MITTERNACHTSSUPPE, PFUNDSTOPF, SCHICHTSALAT . . .

CERES

Vorwort

„Partyrezepte" – dies ist eine Sammlung von Rezepten, die für jeden Anlaß, wenn Sie Gäste zu bewirten haben, einzusetzen sind.

Ob Geburtstagsfeier, Faschingsfete, Silvesterparty, Brunch oder ein geselliges Beisammensein ...; es gibt immer wieder Anlässe, wo Sie leckere Köstlichkeiten auf den Tisch bringen möchten.
Der Dr. Oetker Backclub hat mit vielen Anregungen und Ideen zu diesem Buch beigetragen.
Viele dieser „Partyrezepte" sind bekannt. Mit der einen oder anderen Abwandlung kennt man heute einen Pfundstopf, einen Schichtsalat oder eine Schnitzelpfanne. Es sind einfache Rezepte, die gut vorzubereiten sind und immer wieder gut bei den Gästen ankommen. Weiterhin gehören Aufläufe, Quiches, Salate und Desserts dazu, wenn Sie Ihre Gäste verwöhnen.

Da sich die Rezepte alle gut vorbereiten lassen, können Sie auch als Gastgeber das Fest genießen.

Kapitelübersicht

Für die kleinen Häppchen
Seite 8-19

Alles aus einem Topf
Seite 20-39

Gut verhüllt oder gut belegt und gebacken
Seite 40-59

Fleischspezialitäten mit, in oder ohne Sauce
Seite 60-79

Kapitelübersicht

Aus dem Ofen, auf den Tisch
Seite 80-99

Knackige Salatideen
Seite 100-119

Verschiedene Snacks zum Vorbereiten
Seite 120-139

Der süße Abschluß
Seite 140-151

Für die kleinen Häppchen

Für einen gemütlichen Abend bieten Sie Ihren Gästen ohne großen Aufwand verschiedene Brotaufstriche, Dips oder Buttermischungen zu frischem Brot und einem (oder auch zwei?) Gläschen Wein oder Bier an.

Bunte Kaasspiesschen mit fruchtigen Dips

Zubereitungszeit: 60 Min.

Pro Portion:
E: 25 g, F: 27 g, Kh: 25 g, kJ: 1997, kcal: 477

- **400 g Ziegenkäse**
- **400 g Maasdamer**
- **400 g Holland-Gouda**
- **500 g Weintrauben (helle und dunkle)**
- **250 g Erdbeeren**

Für den Himbeer-Dip:

- **500 g Himbeeren**
- **frisch gemahlener Pfeffer**
- **60 g Puderzucker**
- **3–4 EL Himbeergeist oder weißer Rum**

Für den Kiwi-Dip:

- **400 g Kiwi**
- **2 EL Zitronensaft**
- **3–4 EL heller Portwein oder Sherry**

- **Pfefferminzblättchen**

1 Käsesorten in gleichgroße mundgerechte Würfel schneiden, mit gewaschenen Weintrauben und Erdbeeren (eventuell halbieren) auf Spießchen stecken, auf einer Platte anrichten.

2 Für den Himbeer-Dip Himbeeren verlesen, durch ein Sieb streichen, mit Pfeffer, Puderzucker, Himbeergeist oder Rum abschmecken.

3 Für den Kiwi-Dip Kiwis schälen, in Stücke schneiden, mit dem Pürierstab pürieren, mit Zitronensaft, Pfeffer, Portwein oder Sherry abschmecken.

4 Die Dips mit Pfefferminzblättchen garnieren und zu den Kaasspießchen reichen.

Apfelspalten mit Dips

Zubereitungszeit: 2 Std.

Pro Portion:
E: 38 g, F: 50 g, Kh: 19 g, kJ: 2976, kcal: 710

Für den Avocado-Dip:

- **2 Avocados**
- **3 EL Zitronensaft**
- **100 g Frischkäse**
- **Salz**
- **frisch gemahlener Pfeffer**
- **Cayennepfeffer**

Für den Krabben-Dip:

- **250 g Krabben**
- **1–2 EL Zitronensaft**
- **200 g Crème fraîche**
- **Tabasco**
- **1 EL gehackter Dill**

Für den Schinken-Dip:

- **250 g Magerquark**
- **75 g Crème fraîche**
- **100 g knusprig gebratene Schinkenwürfel**
- **1 EL Tomatenmark**
- **1 EL Tomaten-Ketchup**
- **1 EL Basilikumstreifen**

Für die Vinaigrette:

- **4 EL Apfelessig**
- **1 TL Tomatenmark**
- **2 EL Kapern**
- **2 EL gemischte gehackte Kräuter, z. B. Dill, Basilikum**
- **1 TL mittelscharfer Senf**
- **8 EL Speiseöl**
- **Cayennepfeffer**
- **Tabasco**
- **2 hartgekochte, feingewürfelte Eier**

Für den Sauerrahm-Dip:

- **2 Bund Rucola**
- **3 EL Schlagsahne**
- **200 g Sauerrahm (Schmand)**

- **1 1/2 kg verschiedene Apfelsorten, z. B. Boskop, Elstar, Glockenapfel, Jonagold**
- **600 g Käse, z. B. Allgäuer Emmentaler, Camembert, Edelpilzkäse**
- **300 g gekochter und roher Schinken**
- **300 g geräucherte Putenbrust**

1 Für den Avocado-Dip Avocados halbieren, die Steine entfernen, Fruchtfleisch mit einem Löffel aus der Schale heben, mit Zitronensaft mit dem Pürierstab pürieren, mit dem Frischkäse vermengen, mit Salz, Pfeffer und Cayennepfeffer pikant abschmecken.

2 Für den Krabben-Dip Krabben abspülen, trockentupfen, etwas zerkleinern, mit etwas Zitronensaft beträufeln und mit Crème fraîche, Salz, Pfeffer, Tabasco und gehacktem Dill vermischen.

3 Für den Schinken-Dip Quark mit Crème fraîche, gebratenen Schinkenwürfeln und Tomatenmark und Ketchup verrühren, mit Pfeffer und Basilikumstreifen würzen.

4 Für die Vinaigrette Apfelessig, Tomatenmark, Kapern, gehackte Kräuter, Senf, Öl, Salz, Pfeffer und Tabasco verrühren. Die Eierwürfel unterheben.

5 Für den Sauerrahm-Dip Rucola abspülen, trockentupfen, mit der Sahne pürieren. Sauerrahm unterrühren und mit Salz und Pfeffer abschmecken.

6 Äpfel waschen, achteln und entkernen. Käsesorten in Würfel oder Dreiecke schneiden. Schinken und Putenbrust in Würfel oder Scheiben schneiden. Alle Zutaten auf einer großen Tafel anrichten.

Tip:
Es können auch nur 2 oder 3 Dips zubereitet werden und zum Dippen z. B. nur Äpfel und Käse gereicht werden.

Appetithappen

Foto
Zubereitungszeit: 45 Min.

Pro Portion:
E: 22 g, F: 24 g, Kh: 35 g, kJ: 1936, kcal: 463

- **1 kg verschiedene Brotsorten (Schwarz-, Grau-, Weißbrot)**
- **200 g Butter**
- **einige Salatblätter**
- **300 g Delikateßaufschnitt, z. B. Roastbeef, Parmaschinken**
- **400 g verschiedene geräucherte Fische, z. B. Lachs, Aal, Forelle**
- **je 2–3 EL Mayonnaise, Remoulade, Sahne-Meerrettich**
- **Wachteleier**
- **Essiggemüse**
- **Cocktailtomaten**
- **Kräuter**
- **Kaviar**

1 Das Brot in verschiedenen Formen schneiden, bzw. ausstechen, mit Butter bestreichen.

2 Die gewaschenen, abgetropften Salatblätter und den Aufschnitt dekorativ darauflegen, mit den verschiedenen Saucen verzieren.

3 Die Appetithappen mit den Eiern, Gemüsen, Kräutern und Kaviar garnieren.

Tip:
Brotscheiben mit Kräuterbutter bestreichen, mit Salatblättern und Eischeiben belegen, mit Mayonnaise verzieren.

Avocado-Aufstrich mit Mozzarella-Käse

Zubereitungszeit: 40 Min.

Pro Portion:
E: 5 g, F: 15 g, Kh: 4 g, kJ: 1307, kcal: 313

- **je 12 hauchdünne und 12 dicke Scheiben Lachsschinken**
- **250 g Mozzarella**
- **3 reife Avocados**
- **3–4 EL Zitronensaft**
- **2 EL eingelegten, abgetropften grünen Pfeffer**
- **Salz**
- **frisch gemahlener Pfeffer**
- **gewaschene Petersilie oder Kerbel**

1 Die dicken Scheiben Lachsschinken in Würfel schneiden. Käse abtropfen lassen, den Käse in kleine Würfel schneiden.

2 Avocados längs halbieren, den Stein entfernen, die Avocadohälften schälen, das Fruchtfleisch mit einer Gabel zerdrücken oder pürieren, mit Zitronensaft mischen.

3 Schinken- und Käsewürfel darunterheben, mit grünem Pfeffer, Salz, Pfeffer abschmecken.

4 Die Masse in eine Schüssel füllen mit den zurückbehaltenen Schinkenscheiben und Kräutern garnieren.

Beilage:
Graubrot oder kleine Roggenbrötchen.

Gefüllter Tortenbrie

Foto – 16 Stück
Zubereitungszeit: 25 Min.

Pro Portion:
E: 18 g, F: 52 g, Kh: 4 g,
kJ: 2407, kcal: 575

- **250 g Walnußkerne**
- **je 1 Bund Petersilie, Schnittlauch, Basilikum, Dill**
- **500 g weiche Butter**
- **Salz**
- **frisch gemahlener Pfeffer**
- **1 Tortenbrie (1,2 kg)**

1 Walnußkerne, bis auf 16 Stück zum Garnieren, grob hacken.

2 Kräuter abspülen, trockentupfen, einige Stiele zum Garnieren beiseite stellen, den Rest fein hacken.

3 Gehackte Kräuter mit gehackten Walnußkernen und der Butter verrühren, mit Salz und Pfeffer würzen.

4 Tortenbrie quer halbieren, mit der Kräuterbutter gleichmäßig bestreichen. Die andere Hälfte des Käses daraufgeben, etwas festdrükken. Brie mit Walnußkernen und Kräutern garnieren.

■ Tip:
Eine andere Füllung für den Brie: Briehälfte mit Preiselbeeren (aus dem Glas) bestreichen. 400 g Frischkäse verrühren, 250 ml Schlagsahne steif schlagen, unterheben, mit Salz, Pfeffer würzen. Die Hälfte der Creme auf das Preiselbeerkompott streichen, mit der oberen Briehälfte bedecken. Restliche Creme in einen Spritzbeutel geben, Tortenbrie damit verzieren.

Edelpilzkäseschnitten

24 Stück
Zubereitungszeit: 30 Min.

Pro Portion:
E: 7 g, F: 11 g, Kh: 8 g,
kJ: 669, kcal: 160

- **600 g Edelpilzkäse**
- **16 Scheiben Pumpernickel (10 x 12 cm)**
- **125 g Butter**
- **Kresse zum Verzieren**

1 Käse in Scheiben schneiden.

2 Die Brotscheiben mit Butter bestreichen, mit Käse belegen und die anderen Brotscheiben darauflegen, etwas andrücken.

3 Aus den Käseschnitten die verschiedensten Figuren oder Kreise ausstechen. Nach Belieben mit Kresse und Edelpilzkäsefiguren verzieren.

■ Tip:
Edelpilzkäseschnitten als Hasen ausgestochen, sind eine hübsche Dekoration für ein Oster-Brunch.

Griechische Käsecreme

Foto
Zubereitungszeit: 25 Min.

Pro Portion:
E: 4 g, F: 21 g, Kh: 2 g,
kJ: 880, kcal: 210

- **250 g Schafskäse**
- **3 Zwiebeln**
- **250 g weiche Butter**
- **4 abgezogene Knoblauchzehen**
- **frisch gemahlener Pfeffer**

1 Schafskäse mit einer Gabel zerdrücken.

2 Zwiebeln abziehen, würfeln. Butter, durchgepreßten Knoblauch und Käse mit dem Pürierstab pürieren.

3 Creme mit Pfeffer abschmekken, Zwiebelwürfel unterheben, kalt stellen.

Beigabe:
Weißbrot oder Pide.

Tip:
Geröstete Sesamsamen oder gehackte glatte Petersilie unterheben.

Lachs-Meerrettich-Butter

20 Portionen
Zubereitungszeit: 25 Min.

Pro Portion:
E: 5 g, F: 24 g, Kh: 1 g,
kJ: 1016, kcal: 243

- **500 g geräucherter Lachs**
- **500 g weiche Butter**
- **Saft von 1–2 Zitronen**
- **2 EL Meerrettich (aus dem Glas)**
- **Cayennepfeffer**

1 Den Lachs in sehr feine Würfel schneiden, mit der Butter verrühren, bis sich alles gut vermischt hat.

2 Den Zitronensaft und Meerrettich unterrühren und mit Cayennepfeffer abschmecken.

Tip:
Die Lachsbutter leicht gekühlt (noch streichfähig) servieren.

Paprika-Kresse-Butter

Zubereitungszeit: 25 Min.

Pro Portion:
E: 0,5 g, F: 26 g, Kh: 0,5 g,
kJ: 1004, kcal: 240

- **375 g weiche Butter**
- **5 EL rote Paprikawürfel**
- **4 EL kleingeschnittene Kresse**
- **Salz**

1 Butter geschmeidig rühren.

2 Paprikawürfel und Kresse hinzufügen, mit der Butter verrühren, mit Salz abschmecken.

Rilettes, Französisches Edelschmalz

Zubereitungszeit: 4 1/2 Std.

Pro Portion:
E: 32 g, F: 85 g, Kh: 0,5 g,
kJ: 3939, kcal: 940

- **1 1/2 kg Schweinebauch**
- **1 Schinkenknochen oder 250 g geräucherte, dünne Rippe**
- **einige Speckschwarten**
- **1 1/2 l Wasser**
- **1 Zwiebel**
- **2 Knoblauchzehen**
- **3 Nelken**
- **1 Lorbeerblatt**
- **500 g Flomen**
- **1 1/2 kg Schweinenacken**
- **Salz**
- **frisch gemahlener Pfeffer**
- **gerebelter Majoran**
- **250 g Schweineschmalz**

1 Von dem Schweinebauch die Schwarte abschneiden. Schweinebauch, Schinkenknochen und Schwarten unter fließendem kaltem Wasser abspülen, trockentupfen und mit dem Wasser in einen Kochtopf geben.

2 Zwiebel und Knoblauchzehen abziehen und mit Nelken und Lorbeerblatt zu dem Fleisch geben. Das Fleisch etwa 1 1/2–2 Stunden garen lassen.

3 Fleisch, Knochen und Schwarten aus der Brühe nehmen und die Brühe durch ein Sieb gießen.

4 Flomen kleinschneiden, in einer Pfanne auslassen und durch ein Sieb in einen großen Topf geben. Brühe hinzugießen. Schweinebauch in etwa 1 cm große Würfel schneiden.

5 Schweinenacken unter fließendem kaltem Wasser abspülen, trockentupfen und in etwa 1 cm große Würfel schneiden. Fleischwürfel in die Brühe geben, zum Kochen bringen und das Fleisch unter Rühren 2 Stunden kochen lassen, bis das Fleisch beim Rühren zerfällt. Mit Salz, Pfeffer und Majoran würzen.

6 Rilettes in sorgfältig gespülte Suppentassen oder Steinguttöpfchen füllen und erkalten lassen.

7 Schweineschmalz zerlassen, auf die Rilettes gießen und fest werden lassen (die Fettschicht bewirkt eine längere Haltbarkeit der Rilettes). Töpfchen mit Frischhaltefolie bedecken oder mit dem Deckel verschließen und kühl aufbewahren.

Tip:

Rilettes ist 3–4 Wochen haltbar. Mit Baguette und Cornichons kann es als eine schnelle Vorspeise oder eine raffinierte Abwechslung zum Abendbrot gereicht werden.

Alles aus einem Topf

Eine klassische Suppe oder ein deftiger Eintopf – vorweg zum Erwärmen, als Hauptgang oder um Mitternacht serviert – ein Süppchen wird zu jeder Zeit gerne gelöffelt.

Russischer Hackfleischtopf

Zubereitungszeit: 50 Min.

Pro Portion:
E: 33 g, F: 30 g, Kh: 9 g,
kJ: 1972, kcal: 471

- **4 große Zwiebeln**
- **5 EL Speiseöl**
- **1,6 kg Rinderhackfleisch**
- **3 Stangen Porree (Lauch)**
- **2 Pck. (je 400 g) Tomatenpüree**
- **500 ml (1/2 l) Fleischbrühe**
- **1 EL Senf**
- **1 EL milder Paprika**
- **1 TL Salz**
- **frisch gemahlener Pfeffer**
- **450 g saure Sahne**

1 Zwiebeln abziehen, fein würfeln, in einem Brattopf in erhitztem Öl dünsten.

2 Dann die Hitze erhöhen, das Hackfleisch in den Topf geben und unter Rühren so lange braten, bis es leicht braun und krümelig ist.

3 Porree putzen, in Streifen oder Ringe schneiden, waschen, mit Tomatenpüree, Fleischbrühe, Senf und Gewürzen zu dem Hackfleisch geben, zum Kochen bringen.

4 Hackfleischtopf etwa 15 Minuten bei schwacher Hitze garen, häufig umrühren.

5 Hackfleischtopf abschmecken. Die saure Sahne erst kurz vor dem Servieren darübergießen.

Beilage:
Nudeln oder Reis.

Tip:
Hackfleischtopf eignet sich gut zum Einfrieren, dann die saure Sahne erst nach dem Auftauen und Erwärmen zugeben.

Chili con Carne

Foto
Zubereitungszeit: 60 Min.

Pro Portion:
E: 37 g, F: 29 g, Kh: 24 g,
kJ: 2271, kcal: 542

- **200 g durchwachsener Speck**
- **6 Zwiebeln**
- **3 Knoblauchzehen**
- **1,4 kg Rinderhackfleisch**
- **2 Dosen (je 400 g) Tomaten**
- **2 Dosen (je 400 g) Kidneybohnen**
- **6 EL Chilisauce**
- **2 TL Chilipulver**
- **Salz**
- **1 Prise Zucker**

1 Speck in Würfel schneiden. Zwiebeln und Knoblauchzehen abziehen, fein würfeln, im Speckfett glasig dünsten lassen. Rinderhackfleisch hinzufügen, unter ständigem Rühren etwa 7 Minuten braten lassen, dabei die Klümpchen mit einer Gabel zerdrücken.

2 Tomaten etwas zerkleinern, mit der Tomatenflüssigkeit, Kidneybohnen, Chilisauce zu dem Gehackten geben.

3 Mit Chilipulver, Salz, Zucker würzen und zum Kochen bringen, etwa 15 Minuten garen.

4 Das fertige Chili con Carne nochmals mit den Gewürzen abschmecken.

Tip:
Paprikawürfel mitgaren.

Hirtentopf

Zubereitungszeit: 3½ Std.

Pro Portion:
E: 55 g, F: 28 g, Kh: 24 g,
kJ: 2571, kcal: 615

- **2½ kg Gulasch (halb Schwein, halb Rind)**
- **je 2 TL Salz, Pfeffer**
- **2 TL Paprika edelsüß**
- **1 TL gerebelter Thymian**
- **1 TL Cayennepfeffer**
- **3 große Zwiebeln**
- **4 Tomaten (evtl. aus der Dose)**
- **1 Glas (285 g) rote Paprikaschoten in Streifen**
- **1 Dose (720 g) Brechbohnen**
- **1 Dose (740 g) Kidneybohnen**
- **1 Dose (720 g) Champignons**
- **1 großes Glas (500 ml) Zigeunersauce**

1 Gulasch trockentupfen, in einen Bräter schichten, dabei mit den Gewürzen bestreuen.

2 Zwiebeln abziehen, in Ringe schneiden. Das Gemüse aus den Konserven abtropfen lassen. Die Zutaten auf das Gulasch schichten (ohne zu verrühren), zum Schluß mit der Zigeunersauce begießen.

3 Den Bräter auf dem Rost in den Backofen schieben.

Ober-/Unterhitze:
etwa 180 °C (vorgeheizt)
Heißluft:
etwa 160 °C (nicht vorgeheizt)
Gas: Stufe 3–4 (vorgeheizt)
Garzeit: 2½–3 Std.

4 Anschließend kräftig umrühren und abschmecken.

Pfundstopf

Zubereitungszeit: 3½ Std.

Pro Portion:
E: 39 g, F: 58 g, Kh: 7 g,
kJ: 3106, kcal: 742

- **500 g Rindfleisch**
- **500 g Schweinefleisch**
- **500 g Hackfleisch (halb Rind-, halb Schweinefleisch)**
- **500 g Mett**
- **Salz**
- **frisch gemahlener Pfeffer**
- **500 g durchwachsener Speck**
- **500 g Zwiebeln**
- **1 Dose (800 g) Tomaten**
- **500 g rote Paprikaschoten**
- **500 g grüne Paprikaschoten**
- **250 ml (¼ l) Zigeunersauce (Fertigprodukt)**
- **250 ml (¼ l) Fleischbrühe**

1 Rind- und Schweinefleisch unter fließendem kaltem Wasser abspülen, trockentupfen. Das Fleisch würfeln und in eine große, gefettete Auflaufform geben.

2 Hackfleisch und Mett mit Salz und Pfeffer abschmecken, kleine Bällchen formen und in die Auflaufform geben.

3 Speck in kleine Würfel schneiden. Zwiebeln abziehen und fein würfeln. Tomaten etwas zerkleinern. Zwiebelwürfel, Tomaten und Tomatensaft in die Auflaufform geben.

4 Rote und grüne Paprikaschoten halbieren, entstielen, entkernen, die weißen Scheidewände entfernen, Schoten waschen und in Streifen schneiden. Paprikastreifen in die Auflaufform geben.

5 Zigeunersauce und die heiße Fleischbrühe zuletzt über den Pfundstopf geben, alles durchmengen, abdecken und auf dem Rost in den Backofen schieben.

Ober-/Unterhitze:
etwa 200 °C (vorgeheizt)
Heißluft: etwa 180 °C
(nicht vorgeheizt)
Gas: etwa Stufe 4 (vorgeheizt)
Garzeit: etwa 2 Std.

Beilage:

Weißbrot oder frisches Bauernbrot und Bier.

Tip:

Beim Pfundstopf gibt es inzwischen einige Abwandlungen in den Zutaten, diese werden aber immer in Pfunden zugegeben.

Abwandlung:

Scharfer Pfundstopf
Aus jeweils 500 g Tomaten, Rindfleisch, Schweinefleisch, gelber und roter Paprika, Zwiebeln, Fleischwurst, Hackfleisch, Mexiko- und Schaschlik-Sauce, ¼ l Schlagsahne einen Pfundstopf wie oben zubereiten.

Kartoffelsuppe "Tante Anna"

Foto (unten)
Zubereitungszeit: 110 Min.

Pro Portion:
E: 18 g, F: 42 g, Kh: 31 g,
kJ: 2525, kcal: 602

- **2 Stangen Porree (Lauch)**
- **750 g Möhren**
- **250 g Knollensellerie**
- **2 kg Kartoffeln**
- **4 Zwiebeln**
- **250 g durchwachsener Speck**
- **80 g Butter oder Margarine**
- **3 l Gemüsebrühe**
- **12 Wiener Würstchen**
- **Petersilie**
- **Majoran**
- **Liebstöckel**
- **Salz, Pfeffer**

1 Porree putzen, längs halbieren, waschen, in Ringe schneiden. Möhren und Sellerie putzen, schälen, waschen, in kleine Würfel schneiden.

2 Kartoffeln schälen, waschen, ebenfalls würfeln. Zwiebeln abziehen, würfeln. Speck würfeln.

3 Zwiebel- und Speckwürfel in dem Fett andünsten. Gemüse dazugeben und mitandünsten.

4 Die Brühe aufgießen, die Kartoffeln dazugeben, salzen und alles etwa 40 Minuten garen.

5 Dann die Würstchen in der Suppe erhitzen, eventuell die Würstchen in Stücke schneiden. Kräuter hacken, dazugeben. Die Suppe mit Salz und Pfeffer abschmecken.

Minestrone "Veronese"

Foto (oben)
Zubereitungszeit: 80 Min.

Pro Portion:
E: 9 g, F: 26 g, Kh: 15 g,
kJ: 1465, kcal: 349

- **1 1/4 kg gemischtes Gemüse, z. B. Wirsing, Möhren, Paprika, Knollensellerie, Zwiebeln, Porree**
- **250 g durchwachsener Speck**
- **50 g Butter oder Margarine**
- **300 g tiefgekühlte Brechbohnen**
- **3 l Gemüsebrühe**
- **Salz**
- **2 Lorbeerblätter**
- **1 TL Bohnenkraut**
- **200 g Tortellini**
- **Knoblauchpulver**
- **Petersilie**
- **Rosenpaprika**
- **frisch gemahlener Pfeffer**
- **50 g geriebener Parmesan**

1 Das Gemüse putzen, waschen und in feine Streifen schneiden.

2 Den Speck würfeln, in dem zerlassenen Fett andünsten. Vorbereitetes Gemüse und die Bohnen dazugeben und gut durchdünsten.

3 Mit der Brühe auffüllen, Salz, Lorbeerblätter und Bohnenkraut zugeben und alles etwa 30 Minuten garen lassen.

4 Inzwischen die Tortellini nach Packungsanleitung in Salzwasser garen, abgießen, abschrecken und in die Suppe geben.

5 Die Minestrone mit den Gewürzen gut abschmecken. Den Käse über die Suppe streuen.

Käse-Porree-Suppe

Foto
Zubereitungszeit: 50 Min.

Pro Portion:
E: 35 g, F: 47 g, Kh: 6 g,
kJ: 2601, kcal: 621

- **6 EL Speiseöl**
- **1½ kg Gehacktes (halb Rind-, halb Schweinefleisch)**
- **Salz, Pfeffer**
- **6 Stangen Porree (Lauch)**
- **2 l Fleischbrühe**
- **2 Gläser (je 470 g) Champignons**
- **300 g Sahne- und Kräuterschmelzkäse**

1 Öl erhitzen, das Gehackte darin anbraten, dabei die Fleischklümpchen mit einer Gabel zerdrücken, mit Salz und Pfeffer würzen.

2 Porree putzen, waschen, in feine Ringe schneiden, hinzufügen und mit der Brühe auffüllen, etwa 15 Minuten garen, die Pilze zufügen.

3 Käse unterrühren und schmelzen lassen. Suppe mit Salz und Pfeffer abschmecken.

Tip:
Die Suppe ohne Hackfleisch zubereiten, dann mehr Schmelzkäse verwenden.

Party-Gulaschsuppe

Foto (Seite 27, rechts)
Zubereitungszeit: 2½–3 Std.

Pro Portion:
E: 33 g, F: 32 g, Kh: 10 g,
kJ: 2073, kcal: 496

- **500 g Zwiebeln**
- **1 kg Rindfleisch**
- **500 g Schweinefleisch**
- **1 kg Paprikaschoten**
- **1 kg Tomaten**
- **8 EL Speiseöl**
- **4 EL Tomatenmark**
- **2 EL Paprikapulver, mild**
- **2 TL Paprikapulver, scharf**
- **2 l Fleischbrühe**
- **250 ml (¼ l) Schlagsahne**
- **Salz, Cayennepfeffer**

1 Zwiebeln abziehen, würfeln. Das Fleisch unter fließendem kaltem Wasser abspülen, trockentupfen, in kleine Würfel schneiden.

2 Paprikaschoten halbieren, entkernen, entstielen, die weißen Scheidewände entfernen, Paprika in Streifen schneiden. Tomaten kurze Zeit in kochendes Wasser legen (nicht kochen lassen), in kaltem Wasser abschrecken, enthäuten, die Stengelansätze herausschneiden, entkernen, Tomaten vierteln.

3 Öl erhitzen, Zwiebeln darin andünsten. Das Fleisch hinzufügen und portionsweise darin anbraten.

4 Dann Paprikastreifen, Tomaten, Tomatenmark und Paprikapulver hinzufügen. Alles kurz durchschmoren. Die Brühe hinzugeben und etwa 60 Minuten bei schwacher Hitze kochen lassen.

5 Die Sahne unterrühren, die Suppe mit den Gewürzen abschmecken.

Beilage:
Kräuterbrötchen (Rezept siehe Seite 42) oder Stangenweißbrot.

Tip:
Die Gulaschsuppe mit Rotwein abschmecken.

Mitternachtssuppe

Zubereitungszeit: 2½ Std.

Pro Portion:
E: 27 g, F: 18 g, Kh: 23 g,
kJ: 1670, kcal: 399

- **350 g Rindfleisch**
- **350 g Schweinefleisch**
- **75 g Schweineschmalz**
- **Salz**
- **frisch gemahlener Pfeffer**
- **1 Prise Zucker**
- **1 EL Paprika extra scharf**
- **2 EL Tabasco**
- **2 TL Cayennepfeffer**
- **6 EL Madeira**
- **2½ l Fleischbrühe**
- **400 g Zwiebeln**
- **2 Stangen Porree (Lauch)**
- **2 rote Paprikaschoten**
- **1 Stück Knollensellerie (etwa 250 g)**
- **2 Möhren**
- **425 g Rote Bohnenkerne (aus der Dose)**
- **425 g Weiße Bohnenkerne (aus der Dose)**

Beilage:

Frisches Baguette.

1 Das Fleisch unter fließendem kaltem Wasser abspülen, abtrocknen, in Würfel schneiden. Schmalz zerlassen, das Fleisch von allen Seiten gut darin anbraten.

2 Mit Salz, Pfeffer, Zucker, Paprika, Tabasco, Cayennepfeffer und Madeira würzen. Brühe hinzugießen, zum Kochen bringen, etwa 1½ Stunden kochen lassen.

3 Zwiebeln abziehen, halbieren, in Streifen schneiden. Porree putzen, waschen, in schmale Ringe schneiden, eventuell nochmals waschen.

Abwandlung:

Mitternachtssuppe mit Hackfleisch

Diese Suppe ist in der Zubereitung schneller. Statt Rind- und Schweinefleisch werden 700 g Gehacktes (halb Rind-, halb Schweinefleisch) angebraten. Mit Brühe aufgefüllt, kurz aufkochen lassen, dann das geputzte Gemüse zufügen und 30 Minuten leicht kochen lassen.

4 Paprikaschoten vierteln, entstielen, entkernen, die weißen Scheidewände entfernen, die Schoten waschen. Sellerie putzen, schälen, waschen. Möhren putzen, schälen, waschen.

5 Paprika, Sellerie und Möhren in Streifen schneiden. Alle Gemüsezutaten in die Suppe geben und noch 30 Minuten ziehen lassen.

6 10 Minuten vor Beendigung der Garzeit Bohnenkerne mit der Flüssigkeit hinzufügen. Die Suppe mit den Gewürzen abschmecken.

Tip:

Die Suppe kann portionsweise eingefroren werden.
Die Suppe kann nicht nur zu Mitternacht serviert werden.

Frischer Bohnentopf mit Käse

Zubereitungszeit: 2½ Std., ohne Einweichzeit

Pro Portion:
E: 51 g, F: 33 g, Kh: 26 g, kJ: 2665, kcal: 635

- **300 g weiße Bohnen**
- **2 l Wasser**
- **2 kg Rindfleisch (ohne Knochen, Hoch- oder Querrippe)**
- **2½ kg grüne Bohnen**
- **1 kg Möhren**
- **1 Bund Bohnenkraut**
- **80 g Margarine**
- **3 Zwiebeln**
- **2½ l Gemüsebrühe**
- **Salz**
- **frisch gemahlener Pfeffer**
- **250 g geriebener alter Holland-Gouda**

1 Bohnen über Nacht in Wasser einweichen. Am nächsten Tag abgießen, das Einweichwasser zur Seite stellen.

2 Rindfleisch unter fließendem kaltem Wasser abspülen, trockentupfen, in Würfel schneiden.

3 Grüne Bohnen putzen, die Enden abschneiden, waschen, in Stücke schneiden. Möhren putzen, schälen, waschen, in schräge Scheiben schneiden. Bohnenkraut abspülen, trockentupfen, Blättchen von den Stengeln zupfen.

4 Margarine zerlassen, das Fleisch portionsweise darin bräunen lassen. Zwiebeln abziehen, würfeln, mitandünsten, mit Salz und Pfeffer würzen.

5 Die weißen Bohnen hinzufügen, mit etwas von der Brühe aufgießen und etwa 60 Minuten garen.

6 Dann die anderen Zutaten (einige Blättchen Bohnenkraut zum Garnieren zurücklassen) hinzufügen und den Rest der Brühe, zum Kochen bringen und noch etwa 40 Minuten garen.

7 Die Suppe abschmecken, mit dem Käse servieren und mit Bohnenkraut garnieren.

Beilage:
Frisches Bauernbrot.

Tip:
Weiße Bohnen aus der Dose nehmen, dann entfällt die Einweichzeit.

Kalte Tomatensuppe mit Creme

Foto
Zubereitungszeit: 50 Min.

Pro Portion:
E: 3 g, F: 16 g, Kh: 10 g, kJ: 858, kcal: 206

Für die Tomatensuppe:

- **3 kg reife Suppentomaten**
- **3 Zwiebeln**
- **2 Knoblauchzehen**
- **8 EL Olivenöl**
- **Salz, Pfeffer**
- **Zucker**
- **einige Tropfen Tabasco**

Für die Avocadocreme:

- **2 große Avocados**
- **2 Knoblauchzehen**
- **Saft von 1 Zitrone**
- **Zucker**
- **Basilikum oder Minzeblättchen**

1 Für die Tomatensuppe Tomaten waschen, klein schneiden. Zwiebeln und Knoblauch abziehen, würfeln. Alles pürieren, dann durch ein Sieb streichen.

2 Mit Öl verrühren, mit Salz, Pfeffer, Zucker und Tabasco abschmecken, kühl stellen.

3 Für die Avocadocreme Avocados schälen, den Kern mit einem Löffel herauslösen, das Fruchtfleisch grob zerkleinern. Knoblauch abziehen, durchpressen.

4 Beide Zutaten mit Zitronensaft, Zucker, Pfeffer und Salz pürieren.

5 Die Tomatensuppe in Suppenteller füllen, die Avocadocreme darauf geben, mit Basilikum oder Minzeblättchen garnieren.

Beilage:
Ofenwarmes Stangenweißbrot oder Fladenbrot.

Tip:
An heißen Sommertagen die Suppe gut gekühlt servieren.

Tomatensuppe aus der Provence

Zubereitungszeit: 60 Min.

Pro Portion:
E: 3 g, F: 28 g, Kh: 5 g, kJ: 1224, kcal: 292

- **4 mittelgroße Zwiebeln**
- **200 g Knollensellerie**
- **2 Stangen Porree (Lauch)**
- **200 g durchwachsener Speck**
- **4 Knoblauchzehen**
- **6 EL Olivenöl**
- **1 Dose (800 g) geschälte Tomaten**
- **1 l Gemüsebrühe**
- **1 l Tomatensaft**
- **6 mittelgroße Tomaten**
- **2 EL Tomatenmark**
- **Salz, Pfeffer**
- **2 EL Basilikumstreifen**
- **gerebeltes Oregano**
- **2 Becher (300 g) Crème fraîche**
- **1 EL gehackte Kräuter**

1 Die Zwiebeln abziehen. Sellerie putzen und schälen. Porree putzen und beide Zutaten waschen. Die drei Zutaten und den Speck in kleine Würfel schneiden.

2 Die Knoblauchzehen abziehen und zerdrücken. Das Öl erhitzen und die Zutaten darin andünsten. Geschälte Tomaten mit Saft hinzufügen, dabei die Tomaten zerdrücken.

(Fortsetzung Seite 36)

3 Die Brühe und den Saft hinzugießen, zum Kochen bringen und etwa 15 Minuten kochen lassen.

4 Die Tomaten kurze Zeit in kochendes Wasser legen (nicht kochen lassen), in kaltem Wasser abschrecken und enthäuten. Die Tomaten entkernen, das Tomatenfleisch in Würfel schneiden und mit dem Tomatenmark in die Suppe geben.

5 Suppe mit Salz, Pfeffer, Basilikum, Oregano abschmecken. Die Suppe in Suppentassen anrichten, auf jede Portion etwas Crème fraîche geben und mit Kräutern bestreuen.

Tip:
Die Suppe mit Croûtons servieren.

Scharfe Gemüsesuppe mit Polentarauten

Zubereitungszeit: 70 Min.

Pro Portion:
E: 18 g, F: 15 g, Kh: 38 g, kJ: 1582, kcal: 377

Für die Polentarauten:
- **750 ml (3/4 l) Gemüsebrühe**
- **125 ml (1/8 l) Milch**
- **250 g Maisgrieß**
- **Salz**
- **250 g alter Holland-Gouda**

Für die Gemüsesuppe:
- **2 Bund Suppengrün**
- **6 Zwiebeln**
- **4 Knoblauchzehen**
- **2 Chilischoten**
- **5 EL Speiseöl**
- **3 EL Tomatenmark**
- **3 Stangen Porree (Lauch)**
- **300 g tiefgefrorene grüne Bohnen**
- **2 Dosen (je 800 g) Tomaten**
- **2 1/2 l Gemüsebrühe**
- **1 Dose (475 g) rote Kidneybohnen**
- **Salz, Pfeffer**
- **Paprikapulver scharf**

1 Für die Polentarauten Gemüsebrühe mit Milch zum Kochen bringen. Maisgrieß und Salz einstreuen und unter Rühren etwa 10 Minuten bei kleiner Hitze garen.

2 Käse reiben und darunterrühren. Polenta auf ein mit kaltem Wasser oder Öl bestrichenes Backblech etwa 1 cm dick streichen, kalt stellen.

3 Polenta vor dem Servieren in mundgerechte Rauten schneiden.

4 Für die Gemüsesuppe Suppengrün putzen, waschen, kleinschneiden. Zwiebeln und Knoblauch abziehen, fein hacken. Chilischoten entkernen, waschen, in Ringe schneiden.

5 Öl erhitzen, Zwiebeln, Knoblauch und Suppengrün darin andünsten. Tomatenmark unterrühren.

6 Porree putzen, waschen, in feine Ringe schneiden, mit den Bohnen, pürierten Tomaten und Chilischoten zugeben. Mit Brühe auffüllen, aufkochen und etwa 20 Minuten kochen lassen.

7 Zum Schluß die abgespülten und abgetropften Kidneybohnen miterhitzen. Die Suppe mit den Gewürzen abschmecken.

Tip:
Damit die Polentarauten nicht aufweichen, diese getrennt zur Suppe servieren.

Orientalischer Fleischtopf

Zubereitungszeit: 2½ Std.

Pro Portion:
E: 39 g, F: 29 g, Kh: 42 g,
kJ: 2557, kcal: 611

- **1,6 kg Rindfleisch (aus der Keule)**
- **80 g Butter oder Margarine**
- **6 Zwiebeln**
- **3 Knoblauchzehen**
- **2 Möhren**
- **400 g Langkornreis**
- **1 kg Wirsing oder Spitzkohl**
- **100 g Cashewkerne**
- **100 g Rosinen**
- **Salz**
- **frisch gemahlener Pfeffer**
- **2 EL Currypulver**
- **4 EL Mango-Chutney (aus dem Glas)**
- **2 l heiße Fleischbrühe**

1 Rindfleisch unter fließendem kaltem Wasser abspülen, trockentupfen und in feine Streifen schneiden. Butter oder Margarine in einem Bratentopf erhitzen und Fleischstreifen portionsweise darin anbraten.

2 Zwiebeln abziehen und würfeln. Knoblauchzehen abziehen und zerdrücken. Möhren putzen, schälen, waschen und in Würfel schneiden.

3 Die drei Zutaten zu dem Fleisch geben, mitschmoren lassen, Langkornreis hinzufügen und kurz durchschmoren lassen.

4 Vom Wirsing oder Spitzkohl die welken Blätter entfernen, Kohl waschen, in feine Streifen schneiden.

5 Kohlstreifen mit Cashewkernen und Rosinen in den Fleisch-Gemüse-Topf geben, etwa 5 Minuten miterhitzen, mit Salz, Pfeffer und Curry kräftig würzen.

6 Mango-Chutney unterrühren, Brühe hinzufügen, den Eintopf umrühren, auf dem Rost in den Backofen schieben, ab und zu umrühren.

Ober-/Unterhitze:
etwa 200 °C (vorgeheizt)
Heißluft: etwa 180 °C
(nicht vorgeheizt)
Gas: etwa Stufe 3 (vorgeheizt)
Garzeit: 90 Min.

Tip:
Geben Sie kleine Ananaswürfel mit in den Eintopf.

Gut verhüllt oder gut belegt

Eine Lage Teig, ein Super-Belag, mit Käse bedeckt und schon zaubern Sie eine raffinierte Köstlichkeit auf den Tisch.

Gefülltes Brot

Zubereitungszeit: 30 Min., ohne Kühlzeit

Pro Portion:
E: 9 g, F: 21 g, Kh: 24 g, kJ: 1428, kcal: 341

- **1 Weißbrot vom Vortag (etwa 500 g)**
- **150 g weiche Butter**
- **250 g Doppelrahm-Frischkäse**
- **2 EL Tomatenmark**
- **2 EL Remoulade**
- **200 g magerer gekochter Schinken**
- **1 Bund Frühlingszwiebeln**
- **1 Bund Schnittlauch**
- **2 Gewürzgurken**
- **Salz**
- **frisch gemahlener, weißer Pfeffer**
- **Paprika edelsüß**

1 Von dem Weißbrot ein Viertel abschneiden, beide Teile aushöhlen.

2 Butter, Frischkäse mit Tomatenmark, Remoulade zu einer glatten Creme rühren. Schinken in kleine Würfel schneiden.

3 Frühlingszwiebeln mit Grün putzen, waschen, abtropfen lassen, sehr fein schneiden. Schnittlauch abspülen, mit Küchenpapier trockentupfen, in feine Röllchen schneiden.

4 Gurken abtropfen lassen, in feine Würfel schneiden. Die vier Zutaten unter die Creme rühren, mit Salz, Pfeffer, Paprika abschmecken.

5 Die Masse in die Brotteile füllen, die Teile zusammensetzen, mit Alufolie umwickeln, etwa 3 Stunden in den Kühlschrank legen. Vor dem Servieren mit einem elektrischen Messer in Scheiben schneiden.

Tip:
Dazu Tomaten-Ketchup, grüne Oliven, mit Paprika gefüllt, reichen.

Kräuterbrötchen

12 Stück
Zubereitungszeit: 90 Min.

Pro Portion:
E: 6 g, F: 21 g, Kh: 30 g,
kJ: 1446, kcal: 346

Für den Hefeteig:
- **300 g Weizenmehl**
- **1 Pck. + 2 TL Trockenhefe**
- **1 TL Salz**
- **150 ml lauwarme Milch**
- **75 g zerlassene, abgekühlte Butter oder Margarine**

Für den Knetteig:
- **150 g Weizenmehl**
- **2 Msp. Backpulver**
- **1 Prise Salz**
- **100 g Butter oder Margarine**

Für die Füllung:
- **6 EL frische, gehackte Kräuter, z. B. Schnittlauch, Petersilie, Dill**
- **2 TL getrockneter Thymian**
- **2 gestr. TL Salz**
- **8 EL Olivenöl**

1 Für den Hefeteig Mehl in eine Rührschüssel sieben, mit der Hefe sorgfältig mischen. Salz, Milch, Fett hinzufügen. Die Zutaten mit Handrührgerät mit Knethaken zunächst auf niedrigster, dann auf höchster Stufe in etwa 5 Minuten zu einem Teig verarbeiten.

2 Den Teig zugedeckt so lange an einem warmen Ort stehen lassen, bis er sich sichtbar vergrößert hat.

3 Für den Knetteig Mehl mit Backpulver mischen, in eine Rührschüssel sieben. Salz und Fett hinzufügen, mit Handrührgerät mit Knethaken durcharbeiten. Anschließend auf der Arbeitsfläche zu einem glatten Teig verkneten.

4 Den gegangenen Hefeteig leicht mit Mehl bestäuben, aus der Schüssel nehmen, auf der Arbeitsfläche mit dem Knetteig gut verkneten.

5 Für die Füllung die Kräuter mit dem Salz und Öl verrühren.

6 Den Teig in 2 Teile teilen. Jedes Stück etwa 1 cm dick zu einem Rechteck von 24 x 40 cm ausrollen. Mit der Kräutermischung gleichmäßig bestreichen.

7 In 5 cm breite Streifen schneiden (24 x 5 cm), dann in etwa 4 cm Abständen ziehharmonikaartig auffalten und etwas andrücken.

8 Die gefalteten Teigstücke auf ein mit Backpapier belegtes Backblech legen, an einem warmen Ort gehen lassen, bis die Teigstücke sich sichtbar vergrößert haben.

9 Das Backblech in den Backofen schieben.

Ober-/Unterhitze:
etwa 200 °C (vorgeheizt)
Heißluft: etwa 180 °C
(nicht vorgeheizt)
Gas: Stufe 3–4 (vorgeheizt)
Backzeit: 20–25 Min.

Tip:
Die frischen Kräuterbrötchen zu Wein servieren.

Blätterteig-Kartoffel-Pastete

Zubereitungszeit: 2 Std.

Pro Portion:
E: 10 g, F: 34 g, Kh: 29 g, kJ: 1964, kcal: 469

- **1 Pck. (300 g) tiefgekühlter Blätterteig**
- **1½ kg kleine, festkochende Kartoffeln**
- **300 g durchwachsener Speck**
- **3 EL feingeschnittener Schnittlauch**
- **1 EL gehackte Majoranblättchen**
- **Salz**
- **weißer Pfeffer**
- **2 Becher (300 g) Crème fraîche**
- **4 Eier**
- **½ Eiweiß**
- **½ Eigelb**
- **geriebene Muskatnuß**
- **Paprika edelsüß**
- **½ verschlagenes Eiweiß**

Zum Bestreichen:

- **½ Eigelb**
- **1 EL Milch**

1 Die Blätterteigplatten auseinanderlegen, abgedeckt bei Zimmertemperatur auftauen lassen.

2 Kartoffeln waschen, in so viel Wasser zum Kochen bringen, daß die Kartoffeln bedeckt sind, in 20–25 Minuten gar kochen. Das Wasser abgießen, Kartoffeln abdämpfen lassen, heiß pellen, erkalten lassen. Die Kartoffeln in Scheiben schneiden.

3 Speck in Würfel schneiden.

4 Die Hälfte des Blätterteigs auf bemehlter Arbeitsfläche zu einer runden Platte von 28 cm Durchmesser ausrollen. Damit den Boden und die Ränder einer mit kaltem Wasser abgespülten Springform auskleiden, so daß ein 3 cm hoher Rand entsteht.

5 Kartoffelscheiben, Speckwürfel, Schnittlauch und Majoran abwechselnd auf den Teigboden schichten, dabei die Kartoffelscheiben mit Salz und Pfeffer würzen.

6 Crème fraîche mit Eiern, Eiweiß, Eigelb verschlagen, mit Salz, Pfeffer, Muskat und Paprika kräftig würzen, über die Zutaten verteilen.

7 Den restlichen Blätterteig in der Größe der Tortenoberfläche ausrollen und auf die Füllung legen, etwas andrücken, aus den Teigresten kleine Figuren ausstechen, die Figuren mit Eiweiß bestreichen und auf die Teigoberfläche setzen.

8 Eigelb mit Milch verschlagen, die Teigoberfläche damit bestreichen, mehrmals mit einer Gabel einstechen. Die Form auf dem Rost in den Backofen schieben.

Ober-/Unterhitze: 200–220 °C (vorgeheizt)
Heißluft: 180–200 °C (nicht vorgeheizt)
Gas: Stufe 3–4 (vorgeheizt)
Backzeit: etwa 1 Std.

Tip:
Für die vegetarische Variante statt Speck geraspelten Emmentaler in die Pastete schichten.

Gemüseecken mit Käsesauce

24 Stück
Zubereitungszeit: 80 Min.

Pro Portion:
E: 4 g, F: 8 g, Kh: 11 g,
kJ: 572, kcal: 137

Für den Hefeteig:

- **250 g Weizenmehl**
- **½ Würfel (20 g) Frischhefe**
- **1 TL Zucker**
- **3 EL lauwarmes Wasser**
- **1 TL Salz**
- **frisch gemahlener Pfeffer**
- **4 EL Speiseöl**
- **5 EL lauwarmes Wasser**

Für den Belag:

- **3 Eier**
- **knapp 1 TL Salz**
- **frisch gemahlener Pfeffer**
- **2 Knoblauchzehen**
- **100 g geriebener Emmentaler**
- **1 Becher (150 g) Crème fraîche**
- **125 ml (⅛ l) Schlagsahne**
- **2 EL gemischte, gehackte Kräuter**
- **1 Stange Porree (Lauch, 150 g)**
- **1 rote Paprikaschote (200 g)**
- **1 Dose (285 g) Mais**

1 Für den Hefeteig Mehl in eine Schüssel geben, in die Mitte eine Mulde drücken. Hefe zerbröckeln, in die Mulde geben. Zucker, Wasser über die Hefe geben, leicht verrühren, an einem warmen Ort etwa 10 Minuten stehen lassen.

2 Salz, Pfeffer, Öl und Wasser hinzufügen, mit dem Handrührgerät mit Knethaken zunächst auf niedrigster, dann auf höchster Stufe in etwa 5 Minuten zu einem Teig verarbeiten.

3 Den Teig nochmals an einem warmen Ort stehen lassen, bis er sich sichtbar vergrößert hat, ihn aus der Schüssel nehmen, auf der Arbeitsfläche nochmals gut durchkneten, auf ein gefettetes Backblech geben, ausrollen.

4 Für den Belag Eier verschlagen, mit Salz, Pfeffer verrühren. Knoblauch abziehen, durch die Knoblauchpresse drücken. Käse, Crème fraîche, Sahne und Kräuter hinzugeben, gut verrühren.

5 Porree putzen, waschen, in Ringe schneiden. Paprikaschote halbieren, entstielen, entkernen, die weißen Scheidewände entfernen, die Schote waschen, in Streifen schneiden.

6 Mais abtropfen lassen. Porree, Paprika und Mais mischen, auf dem Teig verteilen, die Käsesauce darübergeben.

7 Backblech in den Backofen schieben.

Ober-/Unterhitze:
etwa 200 °C (vorgeheizt)
Heißluft:
etwa 180 °C (nicht vorgeheizt)
Gas: etwa Stufe 4 (vorgeheizt)
Backzeit: etwa 30 Min.

8 Den Kuchen zweimal längs und zweimal quer halbieren, so daß Dreiecke entstehen, warm oder kalt servieren.

Tip:
Je nach Geschmack und Jahreszeit können die Gemüseecken auch mit anderem Gemüse, z. B. Brokkoli, Zucchini, Champignons, Cocktailtomaten belegt werden.

Party-Pizza

Zubereitungszeit: 100 Min.

Pro Portion:
E: 30 g, F: 53 g, Kh: 54 g,
kJ: 3518, kcal: 840

Für den Teig:

- **750 g Weizenmehl**
- **375 g Butter oder Margarine**
- **375 ml (3/8 l) Wasser**
- **2 TL Essig**
- **2 gestr. TL Salz**

Für den Belag:

- **600 g Tomaten**
- **5 mittelgroße Zwiebeln**
- **2 grüne Paprikaschoten**
- **2 rote Paprikaschoten**
- **1 Dose (600 g) Champignons**
- **4 Bifis (dünne Salamiwürstchen)**
- **1 kleine Salatgurke (500 g)**
- **125 g Bacon, in Scheiben**
- **15 grüne Oliven, mit Paprika gefüllt**
- **180 g Salamischeiben**
- **12 EL Tomaten-Ketchup**
- **Salz**
- **Paprika**
- **gerebelter Oregano**
- **200 g mittelalter Gouda, in Scheiben**
- **200 g geriebener Käse, z. B. Emmentaler**

1 Für den Teig Mehl, Butter oder Margarine, Wasser, Essig und Salz mit dem Handrührgerät mit Knethaken zu einem glatten Teig verarbeiten. Den Teig in Alufolie wickeln und etwa 1 Stunde im Kühlschrank ruhen lassen.

2 Für den Belag Tomaten waschen, Stengelansätze entfernen, in Scheiben schneiden. Zwiebeln abziehen und in Scheiben schneiden.

3 Paprikaschoten vierteln, entkernen, entstielen, die weißen Scheidewände entfernen, Paprika waschen und in feine Streifen schneiden. Champignons abtropfen lassen, eventuell halbieren.

4 Würstchen in Scheiben schneiden. Gurke waschen, in Scheiben schneiden. Oliven halbieren.

5 Den Teig etwa 1/2 cm dick ausrollen und in 6 x 10 cm große Rechtecke schneiden, auf ein mit Backpapier belegtes Backblech legen. Den Teig mit einer Gabel mehrmals einstechen, mit Tomaten-Ketchup bestreichen und mit den Gewürzen bestreuen.

6 Die Rechtecke beliebig mit den Zutaten belegen und nochmals würzen. Mit Käsescheiben belegen oder mit Käse bestreuen. Blech in den Backofen schieben.

Ober-/Unterhitze:
etwa 200 °C (vorgeheizt)
Heißluft: etwa 180 °C
(nicht vorgeheizt)
Gas: Stufe 3–4 (vorgeheizt)
Backzeit: etwa 20 Min.

Tip:
Beim Belegen der Pizzaschnitten sind der Phantasie keine Grenzen gesetzt: die vegetarische Pizza mit viel Gemüse, verschiedene Käsesorten oder Fruchtstückchen und Hackfleisch.

Hackfleisch-Ananas-Kuchen

Zubereitungszeit: 90 Min.

Pro Portion:
E: 23 g, F: 27 g, Kh: 32 g,
kJ: 2073, kcal: 495

Für den Teig:

- **350 g Weizenmehl**
- **2 TL Backpulver**
- **1 Prise Salz**
- **3 EL Speiseöl**
- **6 EL Milch**
- **250 g Magerquark**

Für den Belag:

- **50 g Butter oder Margarine**
- **750 g Hackfleisch (halb Rind-, halb Schweinefleisch)**
- **4 Zwiebeln**
- **Salz**
- **frisch gemahlener Pfeffer**
- **1 Dose (480 g) Ananas**
- **6 Tomaten**

Für die Sauce:

- **1 Dose (480 g) passierte Tomaten**
- **Salz**
- **Paprika edelsüß**
- **2 EL Ananassaft**

- **200 g Gouda**

1 Für den Teig Mehl mit Backpulver mischen, in eine Rührschüssel sieben, alle anderen Zutaten zufügen und mit dem Handrührgerät mit Knethaken zu einem geschmeidigen Teig verarbeiten. Den Teig 30 Minuten ruhen lassen.

2 Für den Belag Butter oder Margarine zerlassen, das Hackfleisch darin anbraten, dabei die Fleischklümpchen mit einer Gabel zerdrücken. Zwiebeln abziehen, würfeln und mitbraten.

3 Die Hackfleisch-Zwiebel-Masse mit Salz und Pfeffer würzen, etwas abkühlen lassen.

4 Den Teig auf ein gefettetes Backblech ausrollen und die Hackfleischmasse auf den Teig verteilen.

5 Ananas abtropfen lassen, in Streifen schneiden, auf dem Hackfleisch verteilen. Tomaten waschen, die Stengelansätze entfernen, Tomaten in Scheiben schneiden und obenauf verteilen, mit Salz und Pfeffer würzen.

6 Für die Sauce die passierten Tomaten mit den Gewürzen und dem Ananassaft verrühren, auf das Hackfleisch und Ananas verstreichen.

7 Den Käse reiben und darüberstreuen. Das Backblech in den Backofen schieben.

Ober-/Unterhitze:
etwa 200 °C (vorgeheizt)
Heißluft: etwa 180 °C
(nicht vorgeheizt)
Gas: Stufe 3–4 (vorgeheizt)
Backzeit: etwa 30 Min.

Beilage:
Gemischter Blattsalat und ein leichter Rotwein.

Tip:
Gehackte Pinienkerne unter die Hackfleischmasse geben.
Je nach Anzahl der Gäste schneiden Sie die Stücke kleiner oder größer.

Holländische Brotkörbchen

Zubereitungszeit: 50 Min.

Pro Portion:
E: 13 g, F: 14 g, Kh: 24 g, kJ: 1217, kcal: 291

- **12 große Scheiben (je 40 g) Toastbrot**
- **3 Zwiebeln**
- **600 g kleine Champignons**
- **600 g kleine Strauchtomaten**
- **40 g Butter**
- **Salz**
- **frisch gemahlener Pfeffer**
- **gerebelter Oregano**
- **400 g Holland-Gouda**
- **1 Bund Schnittlauch, in Röllchen geschnitten**

1 Von den Toastbrotscheiben die Rinde abschneiden und die Scheiben in Backförmchen (Ø 10 cm) drücken und auf dem Rost in den Backofen schieben.

Ober-/Unterhitze: etwa 200 °C (vorgeheizt)
Heißluft: etwa 180 °C (nicht vorgeheizt)
Gas: Stufe 3–4 (vorgeheizt)
Backzeit: 6–8 Min.

2 Toastbrot aus den Förmchen nehmen, abkühlen lassen.

3 Zwiebeln abziehen, fein würfeln. Champignons putzen, mit Küchenpapier abreiben, in Scheiben schneiden. Tomaten waschen, Stengelansätze entfernen, Tomaten halbieren, entkernen und würfeln.

4 Butter zerlassen, Zwiebelwürfel darin goldgelb dünsten, Champignonscheiben mitdünsten. Gedünstetes Gemüse in eine Schüssel geben, Tomatenwürfel zufügen, Masse mit Salz, Pfeffer und Oregano würzen.

5 Käse in kleine Würfel schneiden, mit den Schnittlauchröllchen unter die Gemüsemischung geben und in die Brotkörbchen füllen.

6 Brotkörbchen auf einem Backblech auf mittlerer Einschubleiste in den Backofen schieben.

Ober-/Unterhitze: etwa 190 °C (vorgeheizt)
Heißluft: etwa 170 °C (nicht vorgeheizt)
Gas: Stufe 3–4 (vorgeheizt)
Backzeit: 10–12 Min.

7 Die Brotkörbchen heiß servieren.

■ Beilage:
Crème-fraîche-Kräutersauce.

■ Tip:
Würziger werden die Brotkörbchen, wenn Sie in die Füllung ausgelassene Speckwürfel geben.

Zwiebelkuchen

Für 2 Bleche
Zubereitungszeit: 2 Std.

Pro Portion:
E: 24 g, F: 52 g, Kh: 64 g,
kJ: 3574, kcal: 853

Für den Hefeteig:
- **750 g Weizenmehl**
- **2 Pck. Trockenhefe**
- **2 TL Zucker**
- **2 gestr. TL Salz**
- **100 g zerlassene, abgekühlte Butter oder Margarine**
- **400 ml lauwarme Milch**

Für den Belag:
- **3 kg Zwiebeln**
- **4 EL Speiseöl**
- **400 g durchwachsener Speck**
- **1 Bund Frühlingszwiebeln**
- **250 g geriebener mittelalter Holland-Gouda**
- **6 Eier**
- **300 g Crème fraîche**
- **Salz**
- **frisch gemahlener Pfeffer**

1 Für den Teig Mehl mit Hefe, Zucker, Salz vorsichtig in einer Rührschüssel mischen. Fett und Milch hinzufügen, mit dem Handrührgerät mit Knethaken in etwa 5 Minuten zu einem Teig verarbeiten.

2 Zugedeckt so lange an einem warmen Ort gehen lassen, bis der Teig sich sichtbar vergrößert hat, ihn leicht mit Mehl bestäuben, aus der Schüssel nehmen, auf der Arbeitsfläche nochmals kurz durchkneten.

3 Teig auf zwei gefetteten Backblechen (38 x 28 cm) ausrollen.

4 Für den Belag Zwiebeln abziehen, halbieren und in feine Streifen schneiden. Öl in einer großen Pfanne erhitzen, Zwiebelstreifen darin andünsten.

5 Speck in Streifen schneiden, Frühlingszwiebeln putzen, waschen, in Ringe schneiden, beides unter die Zwiebelmasse heben.

6 Den Käse mit den Eiern und Crème fraîche verrühren und mit der Zwiebelmasse mischen, mit den Gewürzen abschmecken.

7 Die Masse auf dem Teig verteilen, sofort backen.

Ober-/Unterhitze:
etwa 200 °C (vorgeheizt)
Heißluft: etwa 180 °C
(nicht vorgeheizt)
Gas: Stufe 3–4 (vorgeheizt)
Backzeit: etwa 35 Min.

■ Beilage:
Weißwein oder Federweißer.

■ Tip:
Im Heißluftherd beide Bleche sofort backen; bei Ober-/Unterhitze ein Blech so lange kühl stellen.

Bratwurstwähe

Für 2 Formen
Zubereitungszeit: 2 Std.

Pro Portion:
E: 43 g, F: 48 g, Kh: 34 g, kJ: 3258, kcal: 779

Für den Teig:
- **500 g Weizenmehl**
- **250 g Butter**
- **1 TL Salz**
- **4–5 EL kaltes Wasser**

Für den Belag:
- **2 1/2 kg Blattspinat**
- **2 Zwiebeln**
- **30 g Butter**
- **Salz**
- **frisch gemahlener Pfeffer**
- **geriebene Muskatnuß**
- **1 kg frische Schweinswürstl vom Meter**
- **2 EL Speiseöl**
- **4 Eier**
- **250 ml (1/4 l) Schlagsahne**
- **250 g mittelalter Holland-Gouda**

1 Für den Teig aus gesiebtem Mehl, Butter, Salz und Wasser einen glatten, geschmeidigen Teig kneten. Teig in Folie gewickelt gut 30 Minuten kühl stellen.

2 Zwei Pie-Formen (Ø 28–30 cm) mit Butter ausstreichen.

3 Für den Belag Spinat verlesen, gut waschen, abtropfen lassen. Zwiebeln abziehen und würfeln, in der Butter andünsten. Spinat zu den Zwiebeln geben und dünsten bis er zusammengefallen ist (eventuell in zwei Portionen dünsten).

4 Mit Salz, Pfeffer und Muskatnuß würzen, etwas abkühlen lassen.

5 Teig in zwei Hälften teilen, jeweils 3/4 des Teiges ausrollen und die gefetteten Formen damit auslegen. Teigboden mehrfach mit einer Gabel einstechen. Aus dem restlichen Teig jeweils eine Rolle formen, in Scheibchen schneiden und mit Wasser – etwas überlappend – auf den Teigrand kleben.

6 Formen auf dem Rost in den Backofen schieben und nacheinander backen.

Ober-/Unterhitze:
etwa 200 °C (vorgeheizt)
Heißluft: etwa 180 °C
(nicht vorgeheizt)
Gas: Stufe 3–4 (vorgeheizt)
Backzeit: etwa 15 Min.

7 Spinat auf den Böden verteilen. Bratwürste aufrollen, in Öl von beiden Seiten anbraten und auf den Spinat legen.

8 Eier mit Sahne verquirlen. Käse reiben und unterrühren, mit Salz, Pfeffer und Muskat würzen, über Spinat und Wurst gießen.

9 Wähen nacheinander auf dem Rost im Backofen weiterbacken.

Ober-/Unterhitze:
etwa 200 °C (vorgeheizt)
Heißluft: etwa 180 °C
(nicht vorgeheizt)
Gas: Stufe 3–4 (vorgeheizt)
Backzeit: etwa 30 Min.

Tip:
Die Schweinswürstl beim Schlachter vorbestellen.

Champignonkuchen

Zubereitungszeit: 100 Min.

Pro Portion:
E: 16 g, F: 28 g, Kh: 21 g,
kJ: 1765, kcal: 421

Für den Hefeteig:

- **200 g Weizenmehl**
- **1 Pck. Trockenhefe**
- **1 TL Salz**
- **100 ml lauwarme Milch**
- **50 g zerlassene, abgekühlte Butter**

Für den Knetteig:

- **100 g Weizenmehl**
- **1 Msp. Backpulver**
- **1 Prise Salz**
- **75 g Butter oder Margarine**

Für die Füllung:

- **5 Zwiebeln**
- **4 EL Speiseöl**
- **2 Dosen (je 380 g) Champignons**
- **300 g gekochter Schinken**
- **Salz**
- **frisch gemahlener Pfeffer**
- **200 g Käse, z. B. Gouda**
- **3 Eier**
- **200 g Schmand**

1 Für den Hefeteig Mehl mit Hefe mischen, in eine Rührschüssel geben. Salz, Milch und Butter hinzufügen und mit dem Handrührgerät mit Knethaken zu einem glatten Teig verarbeiten. Zugedeckt an einem warmen Ort stehen lassen, bis er sich sichtbar vergrößert hat.

2 Für den Knetteig Mehl mit Backpulver mischen, in eine Rührschüssel sieben. Salz und Fett hinzufügen, zunächst mit dem Handrührgerät mit Knethaken, dann mit den Händen auf der Arbeitsfläche zu einem glatten Teig verarbeiten.

3 Den gegangenen Hefeteig mit dem Knetteig gut verkneten. Gut die Hälfte des Teiges auf dem gefetteten Boden einer Springform (Ø 28 cm) ausrollen, den Rest des Teiges zu einer Rolle formen, sie als Rand auf den Teigboden legen, so an die Form drücken, daß ein 3 cm hoher Rand entsteht.

4 Für die Füllung Zwiebeln abziehen, würfeln, in erhitztem Öl andünsten. Champignons auf ein Sieb geben, in Scheiben schneiden, hinzufügen. Schinken würfeln und hinzufügen, mit Salz und Pfeffer würzen.

5 Käse reiben. Eier mit dem Schmand verrühren, Käse unterheben, mit Salz und Pfeffer würzen.

6 Die Zwiebel-Champignonmasse auf den Teig geben, die Eier-Schmandmasse darauf verteilen. Form auf dem Rost in den Backofen schieben.

Ober-/Unterhitze:
etwa 200 °C (vorgeheizt)
Heißluft: etwa 180 °C
(nicht vorgeheizt)
Gas: Stufe 3–4 (vorgeheizt)
Backzeit: etwa 1 Std.

Tip:
Champignonkuchen mit Blätterteig backen.

Fleischspezialitäten

Pfannengerichte sind zu den Partyrennern geworden, die sich prima vorbereiten lassen; auch ein guter Braten, ob warm oder kalt, wird immer wieder gern gegessen.

Farmersteak

Zubereitungszeit: 45 Min.

Pro Portion:
E: 29 g, F: 36 g, Kh: 7 g, kJ: 2101, kcal: 501

- **2 Brötchen**
- **4 Zwiebeln**
- **1 1/2 kg Gehacktes (halb Rind-, halb Schweinefleisch)**
- **2 EL gehackte Petersilie**
- **1 EL Senf**
- **100 g grob gehackte Erdnußkerne**
- **3 Eier**
- **Salz**
- **frisch gemahlener Pfeffer**
- **Paprika edelsüß**
- **3 grüne Paprikaschoten**

1 Brötchen in kaltem Wasser einweichen, gut ausdrücken. Zwiebeln abziehen, fein würfeln.

2 Gehacktes mit den Brötchen, den Zwiebelwürfeln, Petersilie, Senf, Erdnüssen und den Eiern vermengen, mit Salz, Pfeffer und Paprika würzen.

3 Zwölf Steaks aus dem Fleischteig formen, auf Alufolie auf den Holzkohlengrill legen, von jeder Seite etwa 8 Minuten grillen.

4 Paprikaschoten vierteln, entstielen, entkernen, die weißen Scheidewände entfernen, die Schoten waschen, in sehr feine Würfel schneiden, auf die gegrillten Steaks streuen.

Beilage:
Verschiedene Salate, z. B. Kartoffelsalat, Feldsalat, Tomaten-Gurken-Salat.

Tip:
Die Farmersteaks können auch in der Pfanne gebraten werden.

Schlemmertopf

Foto
Zubereitungszeit: 2 Std., ohne Durchziehzeit

Pro Portion:
E: 39 g, F: 58 g, Kh: 13 g, kJ: 3263, kcal: 780

- **12 Schweinekoteletts (je 150 g)**
- **Salz, Pfeffer**
- **120 g Weizenmehl**
- **8 EL Speiseöl**
- **750 g Zwiebeln**
- **60 g Butter**
- **1 Glas (480 g) Champignons**
- **300 g gekochter Schinken**
- **150 g roher Schinken**
- **300 g saure Sahne**
- **500 ml (1/2 l) Schlagsahne**

1 Koteletts unter fließendem kaltem Wasser abspülen, trockentupfen, mit Salz und Pfeffer bestreuen, in Mehl wenden.

2 Die Koteletts in erhitztem Öl braten und in eine Auflaufform schichten.

3 Zwiebeln abziehen, in Scheiben schneiden, in zerlassener Butter dünsten. Champignons hinzufügen.

4 Schinken würfeln und zu den Zwiebeln geben. Diese Masse dann über die Koteletts geben, darauf die verrührte Sahne geben, im Kühlschrank 24 Stunden ziehen lassen.

5 Die Auflaufform auf dem Rost in den Backofen stellen.

Ober-/Unterhitze: etwa 200 °C (vorgeheizt)
Heißluft: etwa 180 °C (nicht vorgeheizt)
Gas: Stufe 3–4 (vorgeheizt)
Bratzeit: etwa 1 Std.

Beilage:
Baguette, Reis oder Bratkartoffeln.

Bunte Spaghetti-Pfanne

Zubereitungszeit: 40 Min.

Pro Portion:
E: 38 g, F: 27 g, Kh: 69 g, kJ: 2943, kcal: 703

- **1 kg Spaghetti**
- **4–5 l kochendes Salzwasser**
- **2 Dosen (je 280 g) Mais**
- **4 Zwiebeln**
- **80 g Butter oder Margarine**
- **150 g durchwachsener Speck**
- **2 abgezogene, zerdrückte Knoblauchzehen**
- **2 Pck. (je 450 g) tiefgekühltes Sommergemüse**
- **1 kg Hähnchenbrustfilet**
- **6 EL Speiseöl**
- **Salz, Pfeffer**
- **gemahlener Koriander**

1 Spaghetti in kochendem Salzwasser 8–10 Minuten kochen. Spaghetti auf ein Sieb geben, mit kaltem Wasser abspülen, abtropfen lassen.

2 Mais abtropfen lassen. Zwiebeln abziehen, würfeln.

3 Fett zerlassen. Speck in Würfel schneiden, mit Knoblauch und Zwiebelwürfeln in dem Fett andünsten. Sommergemüse und Mais hinzufügen und 10 Minuten dünsten.

4 Hähnchenfilet abspülen, trockentupfen, in Streifen schneiden. In dem Öl portionsweise anbraten, mit Nudeln und Gemüse vermengen, würzen und erhitzen.

Putengeschnetzeltes mit Kräuterfrischkäse

Foto
Zubereitungszeit: 40 Min.

Pro Portion:
E: 37 g, F: 27 g, Kh: 5 g,
kJ: 1875, kcal: 448

- **1 1/2 kg Putenfilet**
- **2 Gläser (je 480 g) Champignons**
- **4 Zwiebeln**
- **8 EL Speiseöl**
- **Salz, Pfeffer**
- **500 ml (1/2 l) Schlagsahne**
- **500 ml (1/2 l) Hühnerbrühe**
- **400 g Kräuterfrischkäse**
- **200 ml Weißwein**
- **1 EL Currypulver**
- **Knoblauchsalz**

1 Putenfilet unter fließendem kaltem Wasser abspülen, trokkentupfen, in Streifen schneiden. Champignons auf ein Sieb geben, in Scheiben schneiden.

2 Zwiebeln abziehen, würfeln. Öl erhitzen, Fleischstreifen portionsweise darin anbraten, mit Salz und Pfeffer bestreuen. Zwiebeln hinzufügen und mitandünsten.

3 Mit der Sahne und Brühe ablöschen und aufkochen lassen. Die Champignons, Kräuterfrischkäse und Wein unterrühren und erhitzen.

4 Das Geschnetzelte mit den Gewürzen abschmecken und servieren.

Beilage:
Bandnudeln oder Reis, Salat.

Hähnchengeschnetzeltes Stroganoff

Zubereitungszeit: 40 Min.

Pro Portion:
E: 29 g, F: 29 g, Kh: 7 g,
kJ: 1758, kcal: 420

- **1,2 kg Hähnchenbrustfilet**
- **50 g Weizenmehl**
- **8 EL Speiseöl**
- **Salz, Pfeffer**
- **4 Zwiebeln**
- **2 Stangen Porree (Lauch, 400 g)**
- **40 g Butter**
- **6 große Gewürzgurken**
- **250 ml (1/4 l) Schlagsahne**
- **400 g Schmand**
- **100 ml Weißwein**

1 Hähnchenbrustfilet kurz unter fließendem kaltem Wasser abspülen, trockentupfen, in Streifen schneiden, mit Mehl bestäuben.

2 Etwas von dem Öl erhitzen, die Fleischstreifen in Portionen darin anbraten, mit Salz und Pfeffer bestreuen, herausnehmen.

3 Zwiebeln abziehen, würfeln, in dem verbliebenem Fett andünsten. Porree putzen, längs halbieren, waschen, in Streifen schneiden. Beides in dem verbliebenem Fett mit zerlassener Butter andünsten.

4 Gurken in Streifen schneiden, mit Sahne und Schmand in einem großen Topf mischen. Das Fleisch und Weißwein hineingeben und zum Kochen bringen. Mit Salz und Pfeffer abschmecken.

Räuberhackbraten

Zubereitungszeit: 110 Min.

Pro Portion:
E: 29 g, F: 53 g, Kh: 7 g,
kJ: 2742, kcal: 654

- **2 altbackene Brötchen**
- **200 g junger Gouda**
- **4 Zwiebeln**
- **3 Knoblauchzehen**
- **2 rote Paprikaschoten**
- **1 Glas (360 g) Champignons**
- **5 EL Speiseöl**
- **1,2 kg Gehacktes (halb Rind-, halb Schweinefleisch)**
- **4 Eier**
- **1 EL Paprika edelsüß**
- **1 EL Paprika scharf**
- **Salz**
- **frisch gemahlener Pfeffer**
- **300 g durchwachsener Speck**

1 Brötchen in kaltem Wasser einweichen. Käse würfeln. Zwiebeln und Knoblauch abziehen und fein hacken.

2 Paprikaschoten vierteln, entkernen, die weißen Scheidewände entfernen, Paprika waschen und in kleine Würfel schneiden. Pilze abtropfen lassen und in feine Scheiben schneiden.

3 Öl erhitzen, Zwiebel- und Knoblauchwürfel darin andünsten. Paprikawürfel hinzufügen, mitandünsten. Pilze und Käse unterheben.

4 Brötchen gut ausdrücken. Alle Zutaten mit dem Hackfleisch und Eiern zu einem Teig verarbeiten, mit den Gewürzen abschmecken.

Beilage:

Gemischte Salate, frisches Baguette und Rotwein.

5 Den Speck in Scheiben schneiden. Die Hackfleischmasse zu einem Kloß formen, die Speckscheiben darauflegen, mit Küchengarn zusammenbinden und in eine Fettfangschale legen.

6 Die Fettfangschale in den Backofen schieben. Nach und nach etwas Wasser hinzufügen.

Ober-/Unterhitze:
etwa 180 °C (vorgeheizt)
Heißluft: etwa 160 °C
(nicht vorgeheizt)
Gas: etwa Stufe 3 (vorgeheizt)
Bratzeit: 75 Min.

Tip:

Den Hackbraten kalt oder warm in Scheiben schneiden. Zur Abwandlung gekochten Schinken in Würfeln unter die Hackmasse geben.

Schnitzelpfanne

Zubereitungszeit: 2 Std., ohne Ziehen lassen

Pro Portion:
E: 51 g, F: 61 g, Kh: 8 g, kJ: 3501, kcal: 835

- **12 große Schweineschnitzel**
- **Salz**
- **frisch gemahlener Pfeffer**
- **Butter oder Margarine**
- **12 Scheiben Chesterkäse**
- **1 kg frische Champignons (oder aus der Dose)**
- **3 Zwiebeln**
- **250 g geräucherter Speck**
- **4 Stangen Porree (Lauch)**
- **750 ml (3/4 l) Schlagsahne**
- **250 g Schmand**
- **Paprikapulver**
- **Currypulver**
- **2 Pck. Jägersauce (Fertigprodukt)**

1 Schnitzel unter fließendem kaltem Wasser abspülen, trockentupfen, mit Salz und Pfeffer würzen.

2 Eine Fettpfanne einfetten, die rohen Schnitzel nebeneinander hineinlegen und auf jedes Schnitzel eine Scheibe Käse legen.

3 Pilze putzen, mit Küchenpapier abreiben, in Scheiben schneiden. Zwiebeln abziehen und würfeln, Speck würfeln.

4 Speck, Zwiebeln und Champignons in einer Pfanne anbraten, mit Pfeffer würzen, anschließend über die Schnitzel verteilen.

5 Porree putzen, das Grün entfernen, nur das Weiße in Ringe schneiden, waschen und auch auf die Schnitzel verteilen.

6 Sahne und Schmand mit Salz, Pfeffer, Paprika und Curry würzen.

7 Jägersauce in die kalte Sahne einrühren und über die Schnitzel in der Fettpfanne gießen. Das Ganze abgedeckt 24 Stunden ziehen lassen.

8 Am nächsten Tag die Schnitzelpfanne im Backofen garen.

Ober-/Unterhitze:
etwa 180 °C (vorgeheizt)
Heißluft:
etwa 160 °C (nicht vorgeheizt)
Gas: etwa Stufe 3 (vorgeheizt)
Bratzeit: etwa 90 Min.

Beilage:
Rohkostsalat, Reis oder Baguette.

Abwandlung:
Würzige Schnitzelpfanne
Die Schnitzel können auch vorher angebraten werden, anschließend mit Senf und Tomatenmark bestreichen. Gedünstete Zwiebel- und Speckwürfel in eine Fettpfanne geben, Schnitzel darauf verteilen und mindestens 12 Stunden ziehen lassen. Pusztasalat (aus dem Glas) und geschnittene Champignons (aus der Dose) abtropfen lassen, mit Schlagsahne vermischen, über die Schnitzel verteilen und im Backofen garen.

Tip:
Statt Jägersauce Zwiebelsauce verwenden.

Schnitzel im Backofen

Foto
Zubereitungszeit: 55 Min.

Pro Portion:
E: 38 g, F: 30 g, Kh: 10 g,
kJ: 2074, kcal: 495

- **12 Schnitzel (je 180 g)**
- **Salz, Pfeffer**
- **2 Eier**
- **6 EL Wasser**
- **150 g Semmelbrösel**
- **125 ml (1/8 l) Speiseöl**
- **2 EL Paprikapulver, edelsüß**

1 Schnitzel unter fließendem kaltem Wasser abspülen, trockentupfen, mit Salz und Pfeffer würzen.

2 Schnitzel erst durch verschlagenes Ei, dann in den Semmelbröseln wenden, gut andrücken.

3 Öl mit dem Paprikapulver verrühren, das Backblech damit bestreichen. Schnitzel darauf legen und ebenfalls mit dem Öl-Paprika-Gemisch bestreichen.

4 Blech in den Backofen schieben und die Schnitzel während des Bratens einmal wenden.

Ober-/Unterhitze:
etwa 220 °C (vorgeheizt)
Heißluft: etwa 200 °C
(nicht vorgeheizt)
Gas: Stufe 5–6 (vorgeheizt)
Garzeit: etwa 25 Min.

Beilage:
Bunter Kartoffelsalat.

Römische Lammpfanne

Zubereitungszeit: 90 Min.

Pro Portion:
E: 30 g, F: 41 g, Kh: 4 g,
kJ: 2332, kcal: 557

- **1,8 kg Lammfleisch aus der Keule (ohne Knochen)**
- **6 Zwiebeln**
- **8 Tomaten**
- **6 EL Speiseöl**
- **Salz, Pfeffer**
- **2–3 EL Tomatenmark**
- **4 Knoblauchzehen**
- **500 ml (1/2 l) Rotwein**
- **125 ml (1/8 l) Schlagsahne**
- **1 EL Rosmarinnadeln**
- **gerebelter Oregano**
- **120 g geriebener Parmesan**

1 Lammfleisch unter fließendem kaltem Wasser abspülen, trockentupfen und in 2 cm große Würfel schneiden.

2 Zwiebeln abziehen und würfeln. Tomaten kurze Zeit in kochendes Wasser legen (nicht kochen lassen), in kaltem Wasser abschrecken, enthäuten, Stengelansätze herausschneiden und Tomaten vierteln.

3 Öl erhitzen, Fleischwürfel darin anbraten, Zwiebelwürfel hinzufügen, glasig dünsten lassen, mit Salz, Pfeffer und Tomatenmark würzen.

4 Knoblauch abziehen und durchpressen, mit dem Rotwein hinzufügen.

5 Das Ganze zugedeckt etwa 60 Minuten schmoren lassen. 15 Minuten vor Beendigung der Garzeit Tomatenwürfel und Sahne dazugeben und erhitzen.

6 Mit Salz, Pfeffer, Rosmarin und Oregano abschmecken. Zum Schluß Parmesan darübergeben.

Beilage:
Nudeln.

Lammrücken mit würziger Kruste aus Edelpilzkäse

Zubereitungszeit: 70 Min.

Pro Portion:
E: 59 g, F: 56 g, Kh: 23 g,
kJ: 3739, kcal: 892

- **2 Lammrücken (je 1 1/2 kg)**
- **frisch gemahlener, schwarzer Pfeffer**
- **6 EL Olivenöl**
- **Salz**
- **500 g Edelpilzkäse**
- **1 Toastbrot**
- **2 Zweige Rosmarin**
- **12 Salbeiblätter**
- **1 Bund Thymian**
- **1 Bund glatte Petersilie**

1 Lammrücken unter fließendem kaltem Wasser abspülen, trockentupfen, von Fett und Sehnen befreien und pfeffern.

2 Öl in einem großen Bräter erhitzen, die Lammrücken von allen Seiten darin anbraten und salzen.

3 Den Käse mit einer Gabel zerdrücken. Das Toastbrot entrinden und fein zerbröseln.

4 Die Kräuter abspülen, trockentupfen, fein hacken und mit den Brotbröseln unter den Käse rühren.

5 Die Käsemasse auf die Lammrücken verteilen, andrücken und in eine Fettfangschale legen. Den Bratensatz aus dem Bräter mit etwas Wasser ablöschen und zu den Lammrücken geben.

6 Fettfangschale in den Backofen schieben.

Ober-/Unterhitze:
220–220 °C (vorgeheizt)
Heißluft:
180–200 °C (nicht vorgeheizt)
Gas: Stufe 3–4 (vorgeheizt)
Garzeit: etwa 35 Min.

7 Vor dem Anschneiden die Lammrücken mindestens 10 Minuten ruhen lassen.

Beilage:
Stangenweißbrot und Grilltomaten.

Tip:
Den Bratensatz statt mit Wasser mit Rotwein ablöschen.

Filet mit Obst

Foto
Zubereitungszeit: 60 Min.

Pro Portion:
E: 34 g, F: 29 g, Kh: 18 g,
kJ: 2007, kcal: 479

- **1 1/2 kg Schweinefilet**
- **120 g Pflanzenfett**
- **Salz, Pfeffer**
- **1 Dose (480 g) Pfirsiche**
- **3 Bananen**
- **500 ml (1/2 l) Schlagsahne**
- **6 EL Tomaten-Ketchup**
- **1 EL Currypulver**
- **200 g geriebener Gouda**

1 Filet unter fließendem kaltem Wasser abspülen, trockentupfen, zuerst in Scheiben, dann in Streifen schneiden.

2 Fett erhitzen, die Filetstreifen in Portionen anbraten, mit Salz und Pfeffer bestreuen und in eine große Auflaufform oder Fettfangschale geben.

3 Pfirsiche abtropfen lassen, in Spalten schneiden. Bananen schälen, in Scheiben schneiden. Das Obst mit dem Fleisch mischen.

4 Sahne, Ketchup und Curry verrühren und über das Fleisch verteilen. Den Käse darüberstreuen.

5 Die Fettfangschale oder die Form auf dem Rost in den Backofen schieben.

Ober-/Unterhitze:
etwa 200 °C (vorgeheizt)
Heißluft:
etwa 180 °C (nicht vorgeheizt)
Gas: Stufe 3–4 (vorgeheizt)
Bratzeit: etwa 25 Min.

Bunte Fleischpfanne

Zubereitungszeit: 70 Min.

Pro Portion:
E: 31 g, F: 17 g, Kh: 6 g,
kJ: 1271, kcal: 304

- **1,6 kg Rinder- oder Schweinefilet**
- **50 g Speisestärke**
- **150 ml Sojasauce**
- **6 Möhren**
- **1 1/2 kg Chinakohl**
- **125 ml (1/8 l) Speiseöl**
- **Salz**
- **frisch gemahlener Pfeffer**

1 Das Fleisch unter fließendem kaltem Wasser abspülen, trockentupfen, in fünfmarkstückgroße Scheiben schneiden.

2 Speisestärke und Sojasauce vermischen, Fleisch darin wenden, 30 Minuten kühl stellen, zwischendurch wenden.

3 Inzwischen Möhren putzen, schälen, waschen, in feine Streifen schneiden. Chinakohl ebenfalls putzen, waschen und kleinschneiden.

4 Eine große Pfanne (oder einen chinesischen Wok) mit Öl bei hoher Temperatur erhitzen.

5 Das abgetupfte Fleisch unter dauerndem Umrühren in Portionen etwa 5 Minuten braten. Dann herausnehmen oder an die Seite schieben, die Gemüsestreifen ins Fett geben. Unter dauerndem Rühren einige Minuten braten. Fleisch und die übrige Sojasauce wieder zufügen, alles untereinanderrühren.

6 Die Fleischpfanne mit Salz, Pfeffer abschmecken.

Kasselerbraten mit Kartoffel-Käse-Kruste

Zubereitungszeit: 95 Min.

Pro Portion:
E: 32 g, F: 26 g, Kh: 17 g, kJ: 1891, kcal: 450

- **2 1/2 kg Kasselerkotelett (ohne Knochen)**
- **1 Bund Petersilie**
- **1 Bund Dill**
- **1 Bund Schnittlauch**
- **200 g Kartoffelpüreeflocken**
- **100 g geriebener alter Holland-Gouda**
- **100 g geriebener mittelalter Holland-Gouda**

1 Kasseler kurz unter fließendem kaltem Wasser abspülen, trockentupfen, eventuell in zwei Stücke schneiden, in eine Fettfangschale legen und in den Backofen schieben.

Ober-/Unterhitze:
etwa 200 °C (vorgeheizt)
Heißluft:
etwa 180 °C (nicht vorgeheizt)
Gas: Stufe 3–4 (vorgeheizt)
Bratzeit: etwa 45 Min.

2 Etwas Wasser hinzufügen, Braten herausnehmen und die Backofentemperatur höher stellen.

3 Kräuter abspülen, trockentupfen, fein hacken, bzw. Schnittlauch in Röllchen schneiden.

4 Püreeflocken mit 400 ml heißem Wasser nach Packungsanleitung zu einem festen Püree verrühren, mit den geriebenen Käsesorten und Kräutern mischen.

5 Masse auf das Fleisch streichen und im Backofen überbacken lassen.

Ober-/Unterhitze:
etwa 250 °C (vorgeheizt)
Heißluft:
etwa 220 °C (nicht vorgeheizt)
Gas: Stufe 5–6 (vorgeheizt)
Backzeit: etwa 15 Min.

6 Kasselerbraten in Scheiben geschnitten auf einer Platte anrichten.

Beilage:
Pikanter Krautsalat und Zwiebelbrot.

Tip:
Statt der Kruste das Kasseler etwa 10mal quer einschneiden. Ananasscheiben in die Einschnitte stecken.

Gefüllter Schweinebraten

Zubereitungszeit: 100 Min.

Pro Portion:
E: 45 g, F: 33 g, Kh: 3 g,
kJ: 2236, kcal: 534

- **2 1/2 kg Schweinefleisch (ausgelöster Kotelettbraten)**
- **2 EL mittelscharfer Senf**
- **Salz**
- **frisch gemahlener Pfeffer**
- **3 Zwiebeln**
- **60 g Butter**
- **250 g Austernpilze**
- **3 Tomaten**
- **1 Bund glatte Petersilie**
- **150 g mittelalter Holland-Gouda**
- **250 ml (1/4 l) Schlagsahne**

1 Fleisch unter fließendem kaltem Wasser abspülen, trockentupfen. Den Braten der Länge nach einschneiden, flach drücken, mit Senf bestreichen, salzen und pfeffern.

2 Zwiebeln abziehen und würfeln, in zerlassener Butter glasig dünsten. Pilze putzen, mit Küchenpapier abreiben, in Stücke schneiden, zu den Zwiebeln geben und mitdünsten.

3 Tomaten kurze Zeit in kochendes Wasser legen (nicht kochen lassen), in kaltem Wasser abschrekken, enthäuten, die Stengelansätze herausschneiden, Tomaten halbieren, entkernen, in Streifen schneiden und zu den Pilzen geben.

4 Petersilie abspülen, trockentupfen, kleinschneiden und zu den Pilzen geben. Die Gemüsemasse auf das Fleisch streichen. Käse in kleine Würfel schneiden und auf die Masse legen.

5 Das Fleisch aufrollen, mit Küchengarn binden, außen salzen und pfeffern. Den Braten in eine Fettfangschale legen und im Backofen braten.

Ober-/Unterhitze:
200–220 °C (vorgeheizt)
Heißluft: 180–200 °C
(nicht vorgeheizt)
Gas: Stufe 4–5 (vorgeheizt)
Bratzeit: etwa 60 Min.

6 Während des Bratens mit etwas Butter bestreichen und etwas Wasser in die Fettfangschale geben.

7 Braten herausnehmen, 10 Minuten ruhen lassen. Das Garn lösen und den Braten in Alufolie gewickelt warm stellen.

8 Den Sud aus der Fettfangschale durch ein Sieb in einen Topf gießen, mit Sahne auffüllen, etwas einkochen lassen, abschmecken.

9 Fleisch in Scheiben schneiden und kalt oder warm servieren. Die Sauce getrennt dazu reichen.

Beilage:
Frühlingszwiebel-Tomaten-Gemüse und Kartoffelplätzchen.

Ist der Auflauf erst einmal im Backofen, kann gar nichts mehr schiefgehen. Nun hat man Zeit, die Gäste zu begrüßen.

Aus dem Ofen, auf den Tisch

Makkaroni-Spinat-Terrine

Zubereitungszeit: 90 Min.

Pro Portion:
E: 32 g, F: 59 g, Kh: 39 g, kJ: 3569, kcal: 852

- **500 g Makkaroni**
- **3 l Salzwasser**
- **8 EL Speiseöl**
- **3 Zwiebeln**
- **3 Knoblauchzehen**
- **600 g tiefgefrorener Blattspinat**
- **Salz, Pfeffer**
- **geriebene Muskatnuß**
- **600 g gemischtes Hackfleisch**
- **3 EL Tomatenmark**
- **300 g geriebener mittelalter Holland-Gouda**
- **8 Eier**
- **500 ml (1/2 l) Schlagsahne**
- **250 ml (1/4 l) Milch**
- **4 EL Semmelbrösel**
- **60 g Butter**

Für die Tomatensauce:

- **2 Zwiebeln**
- **2 Knoblauchzehen**
- **5 EL Olivenöl**
- **2 Dosen (je 800 g) geschälte Tomaten**
- **gerebelter Oregano**
- **1 Prise Zucker**
- **200 g grüne Oliven**

1 Makkaroni in kochendem Salzwasser mit 1 Eßlöffel Öl nach Packungsanleitung kochen, abgießen, abschrecken, abtropfen lassen.

2 Zwiebeln und Knoblauch abziehen, würfeln, die Hälfte davon in 2 Eßlöffeln Öl andünsten. Spinat hinzufügen, mit geschlossenem Deckel bei mittlerer Hitze etwa 15 Minuten auftauen lassen, würzen. Spinat auf ein Sieb geben.

3 Den Rest Öl erhitzen, restliche Zwiebel- und Knoblauchwürfel darin andünsten. Hackfleisch unter Rühren darin andünsten, Tomatenmark zugeben, mit Salz und Pfeffer würzen.

4 Zwei Kastenformen (30 x 11 cm) mit Backpapier

(Fortsetzung Seite 82)

auslegen. Eine Lage Makkaroni der Länge nach in die Form schichten, etwas Käse darüberstreuen. Dann die Hälfte Fleisch einschichten. Darauf Nudeln und Käse, dann eine dicke Schicht Spinat geben. Darauf wieder Nudeln und Fleisch, die letzte Schicht sollten Nudeln sein.

5 Eier mit Sahne und Milch verrühren, mit Salz, Pfeffer, Muskat würzen und über die Terrinen geben.

6 Mit restlichem Käse und Semmelbröseln bestreuen, Butter in Flöckchen darauf setzen und auf dem Rost in den Backofen schieben.

Ober-/Unterhitze:
180–200 °C (vorgeheizt)
Heißluft: 160–180 °C
(nicht vorgeheizt)
Gas: Stufe 3–4 (vorgeheizt)
Backzeit: etwa 45 Min.

7 Terrinen mit Backpapier herausnehmen, Papier lösen, Terrinen mit dem elektrischen Messer in Scheiben schneiden.

8 Für die Tomatensauce Zwiebeln und Knoblauch abziehen, würfeln, in Öl andünsten. Tomaten mit Flüssigkeit hinzufügen, dabei die Tomaten zerdrücken, mit Gewürzen bestreuen und etwas einkochen lassen.

9 Sauce kurz pürieren. Oliven entsteinen, in Scheiben schneiden, unterrühren, Sauce mit den Gewürzen abschmecken.

Räucherfisch-Auflauf

Zubereitungszeit: 85 Min.

Pro Portion:
E: 36 g, F: 61 g, Kh: 5 g,
kJ: 3118, kcal: 745

- **500 g Schillerlocken**
- **500 g Räucheraal (Filet)**
- **500 g geräucherter Steinbutt**
- **2 rote Paprikaschoten**
- **2 grüne Paprikaschoten**
- **3 Zwiebeln**
- **2 EL Speiseöl**
- **Salz, Pfeffer**
- **800 g Brokkoli**
- **1 Bund gehackter Dill**
- **750 ml (3/4 l) Schlagsahne**
- **6 Eier**
- **200 g mittelalter Gouda**
- **100 g Butterflöckchen**

1 Fisch in mundgerechte Stücke schneiden, Gräten entfernen.

2 Paprikaschoten halbieren, entstielen, entkernen, die weißen Scheidewände entfernen, Paprika waschen und in Würfel schneiden. Zwiebeln abziehen, fein würfeln. Paprika- und Zwiebelwürfel in Öl andünsten, mit Pfeffer und Salz bestreuen.

3 Brokkoli putzen, in Röschen teilen, waschen, in Salzwasser 5 Minuten kochen, auf ein Sieb geben.

4 Brokkoli mit den Fischstückchen, Paprika- und Zwiebelwürfeln, Dill in eine große gefettete Auflaufform oder Fettfangschale geben.

5 Sahne mit Pfeffer und Eiern verquirlen, über die Fisch-Gemüse-Masse geben.

6 Käse reiben, mit den Butterflöckchen über den Auflauf geben und auf dem Rost in den Backofen schieben.

Ober-/Unterhitze:
180–200 °C (vorgeheizt)
Heißluft: 160–180 °C
(nicht vorgeheizt)
Gas: Stufe 3–4 (vorgeheizt)
Backzeit: etwa 40 Min.

Landfrauen-Auflauf mit Frühlingsquark

Zubereitungszeit: 95 Min.

Pro Portion:
E: 32 g, F: 30 g, Kh: 45 g, kJ: 2584, kcal: 618

- **600 g gelbe und grüne Bandnudeln**
- **3 l kochendes Salzwasser**
- **2 kg Fleischtomaten**
- **750 g gekochter Schinken (im Stück)**
- **8 Eier**
- **500 ml (1/2 l) Schlagsahne**
- **Salz**
- **frisch gemahlener Pfeffer**
- **1 Bund Schnittlauch**
- **1 Bund glatte Petersilie**
- **4 Pck. (je 200 g) Frühlingsquark**

1 Nudeln in kochendes Salzwasser geben, zum Kochen bringen, nach Packungsanleitung kochen, auf ein Sieb geben, mit kaltem Wasser übergießen, abtropfen lassen.

2 Tomaten kurze Zeit in kochendes Wasser legen (nicht kochen lassen), in kaltem Wasser abschrekken, enthäuten, die Stengelansätze herausschneiden, die Tomaten in Scheiben schneiden.

3 Schinken in Würfel schneiden. Eier mit Sahne verschlagen, mit Salz, Pfeffer würzen. Die Kräuter abspülen, trockentupfen, fein schneiden bzw. hacken.

4 Eine große, flache, feuerfeste Form oder Fettfangschale ausfetten. Eine Schicht Tomatenscheiben hineingeben, mit Salz, Pfeffer, Schnittlauch und Petersilie bestreuen, die Hälfte der Schinkenwürfel darübergeben. Die Nudeln, die restlichen Tomatenscheiben mit den Schinkenwürfeln einschichten.

5 Die Kräuter darüberstreuen, die Eier-Sahne-Masse darüber verteilen. Die Fettfangschale oder die Form auf dem Rost in den Backofen schieben.

Ober-/Unterhitze:
etwa 200 °C (vorgeheizt)
Heißluft:
etwa 180 °C (nicht vorgeheizt)
Gas: Stufe 3–4 (vorgeheizt)
Backzeit: etwa 50 Min.

6 Frühlingsquark verrühren, etwa 15 Minuten vor Beendigung der Backzeit über den Auflauf geben.

Beilage:
Gemischter Salat.

Tip:
Probieren Sie den Auflauf mit Vollkornnudeln aus.

Makkaroni-Gemüse-Auflauf

Zubereitungszeit: 85 Min.

Pro Portion:
E: 12 g, F: 33 g, Kh: 38 g,
kJ: 2148, kcal: 513

- **500 g Makkaroni**
- **3 l Salzwasser**
- **2 große Zucchini (500 g)**
- **2 Auberginen (400 g)**
- **200 ml Olivenöl**
- **1 Gemüsezwiebel**
- **2 Knoblauchzehen**
- **Salz**
- **frisch gemahlener Pfeffer**
- **2 Fleischtomaten**

Für die Sauce:

- **40 g Butter**
- **40 g Weizenmehl**
- **500 ml (1/2 l) Milch**
- **250 ml (1/4 l) Schlagsahne**
- **200 g Schmelzkäse Sahne**
- **frisch gemahlener, weißer Pfeffer**
- **Salz**

1 Makkaroni nach Packungsanleitung in kochendem Salzwasser kochen, auf ein Sieb geben, mit kaltem Wasser übergießen, abtropfen lassen.

2 Zucchini und Auberginen putzen, Blütenansätze entfernen, Gemüse waschen, eventuell längs halbieren, in Scheiben schneiden. Zwiebel abziehen, halbieren, in Streifen schneiden.

3 Das Gemüse nacheinander in erhitztem Öl anbraten. Knoblauch abziehen, durch die Presse über das Gemüse geben, mit Salz und Pfeffer würzen.

4 Tomaten waschen, die Stengelansätze entfernen und in Scheiben schneiden, mit den Makkaroni zu dem Gemüse geben.

5 Für die Sauce Butter zerlassen, Mehl darüberstäuben, rühren bis es hellgelb ist, mit Milch und Sahne auffüllen, unter Rühren zum Kochen bringen und 2–3 Minuten kochen lassen.

6 Den Schmelzkäse darin auflösen, mit Pfeffer und Salz abschmecken.

7 Die Gemüse-Nudel-Mischung in eine große gefettete Auflaufform oder Fettfangschale geben. Die Käsesauce darübergeben.

8 Den Makkaroni-Gemüse-Auflauf auf dem Rost in den Backofen schieben.

Ober-/Unterhitze:
180–200 °C (vorgeheizt)
Heißluft: 160–180 °C
(nicht vorgeheizt)
Gas: Stufe 3–4 (vorgeheizt)
Backzeit: etwa 35 Min.

Beilage:

Tomatensauce, Salat.

Tip:

Die Nudeln variieren, z. B. Bandnudeln oder Lasagneblätter. Schafskäse zerbröckeln und über den Auflauf streuen.

Thunfisch-Nudel-Auflauf

Foto
Zubereitungszeit: 60 Min.

Pro Portion:
E: 28 g, F: 41 g, Kh: 44 g,
kJ: 2928, kcal: 699

- **750 g Spaghetti**
- **4 l Salzwasser**
- **4 Dosen (je 200 g) Thunfisch**
- **4 TL Sardellenpaste**
- **2 TL Senf**
- **8 Eier**
- **500 ml (1/2 l) Schlagsahne**
- **geriebene Muskatnuß**
- **Salz**
- **1 TL Paprika edelsüß**
- **1 TL gerebelter Oregano**

1 Spaghetti in kochendes Salzwasser geben, zum Kochen bringen, nach Packungsanleitung al dente kochen, auf ein Sieb geben.

2 Thunfisch abtropfen lassen, mit einer Gabel zerdrücken, mit Sardellenpaste und Senf vermischen.

3 Eier mit Sahne verquirlen, mit den Gewürzen abschmecken, mit der Thunfischmasse verrühren.

4 Spaghetti in eine große gefettete Auflaufform oder Fettfangschale geben, die Thunfischmasse darübergeben.

5 Die Fettfangschale oder die Form auf dem Rost in den Backofen schieben.

Ober-/Unterhitze:
etwa 200 °C (vorgeheizt)
Heißluft: etwa 180 °C
(nicht vorgeheizt)
Gas: Stufe 3–4 (vorgeheizt)
Backzeit: etwa 40 Min.

Polenta-Gratin

Zubereitungszeit: 95 Min.

Pro Portion:
E: 13 g, F: 15 g, Kh: 22 g,
kJ: 1174, kcal: 281

- **1 1/4 l Wasser**
- **50 g Butter**
- **Salz**
- **300 g Maisgrieß**
- **200 g luftgetrocknete Salami, in Scheiben**
- **8 Tomaten**
- **3 Knoblauchzehen**
- **375 g Mozzarella**

1 Wasser mit Butter, Salz zum Kochen bringen. Grieß unter ständigem Rühren einstreuen, bei kleiner Hitze etwa 45 Minuten quellen lassen, bis sich der Brei vom Topfrand löst.

2 Salami in 2 cm lange, dünne Streifen schneiden. Tomaten waschen, die Stengelansätze herausschneiden, die Tomaten achteln.

3 Knoblauch abziehen, fein hacken. Die Zutaten mit der Polenta vermengen. Käse abtropfen lassen, in Scheiben schneiden.

4 Ein Drittel Polentamischung in eine gefettete Auflaufform geben, glattstreichen, 1/3 der Mozzarellascheiben darauf geben, die Zutaten abwechselnd hineingeben, die oberste Schicht soll aus Käse bestehen.

5 Form auf dem Rost in den Backofen schieben.

Ober-/Unterhitze:
etwa 200 °C (vorgeheizt)
Heißluft: etwa 180 °C
(nicht vorgeheizt)
Gas: etwa Stufe 3 (vorgeheizt)
Backzeit: etwa 25 Min.

Lasagne mit Basilikum

Zubereitungszeit: 110 Min.

Pro Portion:
E: 40 g, F: 47 g, Kh: 66 g,
kJ: 3774, kcal: 901

Für die Fleischsauce:

- **4 EL Speiseöl**
- **1 kg Gehacktes (halb Rind-, halb Schweinefleisch)**
- **500 g Zwiebeln**
- **6 Knoblauchzehen**
- **150 g Tomatenmark (aus der Dose)**
- **250 ml (1/4 l) Wasser**
- **Salz**
- **frisch gemahlener Pfeffer**
- **Paprika edelsüß**
- **1 Bund Basilikum**

Für die Käsesauce:

- **100 g Butter oder Margarine**
- **100 g Weizenmehl**
- **1 1/2 l Milch**
- **400 g geriebener mittelalter Gouda**
- **Salz**
- **frisch gemahlener Pfeffer**
- **geriebene Muskatnuß**

- **2 kg Fleischtomaten**
- **1 Bund Basilikum**

- **750 g grüne Lasagne-Nudeln**

1 Für die Fleischsauce Öl erhitzen, Gehacktes hinzufügen, unter Rühren anbraten, dabei die Fleischklümpchen mit einer Gabel zerdrücken. Zwiebeln und Knoblauch abziehen, würfeln, zu dem Gehackten geben, mitdünsten lassen.

2 Tomatenmark mit Wasser unterrühren, mit Salz, Pfeffer, Paprika würzen. Basilikum vorsichtig abspülen, trockentupfen, die Blättchen von den Stielen zupfen, zu dem Gehackten geben. Die Fleischsauce etwa 15 Minuten schmoren lassen, eventuell nochmals mit Salz, Pfeffer, Paprika abschmecken.

3 Für die Käsesauce Butter oder Margarine zerlassen, Mehl unter Rühren so lange darin erhitzen, bis es hellgelb ist. Milch hinzugießen, mit einem Schneebesen durchschlagen, darauf achten, daß keine Klumpen entstehen, zum Kochen bringen.

4 Zwei Drittel von dem Käse unterrühren, die Sauce etwa 5 Minuten kochen lassen, mit Salz, Pfeffer, Muskat abschmecken.

Beilage:
Grüner Salat.

5 Tomaten kurze Zeit in kochendes Wasser legen (nicht kochen lassen), in kaltem Wasser abschrekken, enthäuten, die Stengelansätze herausschneiden, die Tomaten in Scheiben schneiden.

6 Basilikum vorsichtig abspülen, trockentupfen, die Blättchen von den Stielen streifen, die Blättchen hacken.

7 Eine Fettfangschale oder eine große viereckige Form ausfetten, abwechselnd jeweils einen Teil Lasagne-Nudeln, Fleischsauce, Tomatenscheiben (mit Pfeffer und gehacktem Basilikum bestreut), Käsesauce einschichten, die oberste Schicht sollte aus Käsesauce bestehen, mit restlichem Käse bestreuen und auf dem Rost in den Backofen schieben.

Ober-/Unterhitze:
200–220 °C (vorgeheizt)
Heißluft:
180–200 °C (nicht vorgeheizt)
Gas: Stufe 4–5 (vorgeheizt)
Backzeit: etwa 60 Min.

Tip:
Für eine vegetarische Lasagne anstatt der Fleischfüllung eine Gemüsemischung aus Zwiebeln, Porree, Möhren, Sellerie und Mais zubereiten.

Käse-Kartoffel-Pfanne

Foto
Zubereitungszeit: 70 Min.

Pro Portion:
E: 11 g, F: 13 g, Kh: 36 g,
kJ: 1313, kcal: 313

- **2½ kg mittelgroße Kartoffeln**
- **Salz**
- **frisch gemahlener Pfeffer**
- **60 g Semmelbrösel**
- **100 g Butter**
- **250 g Emmentaler**

1 Kartoffeln schälen, waschen, in Salzwasser zum Kochen bringen, etwa 15 Minuten kochen lassen, abgießen, noch warm in Scheiben schneiden.

2 Die Kartoffelscheiben schuppenförmig in eine große flache Auflaufform oder Fettfangschale geben, mit Salz, Pfeffer und Semmelbröseln bestreuen.

3 Butter in Flöckchen darauf setzen, Käse darüberreiben. Die Fettfangschale oder die Form auf dem Rost in den Backofen schieben.

Ober-/Unterhitze:
200–220 °C (vorgeheizt)
Heißluft: 180–200 °C
(nicht vorgeheizt)
Gas: Stufe 4–5 (vorgeheizt)
Backzeit: etwa 30 Min.

Tip:
Speckwürfel auslassen und über die Kartoffelscheiben verteilen.

Grünkohlauflauf

Zubereitungszeit: 80 Min.

Pro Portion:
E: 17 g, F: 9 g, Kh: 20 g,
kJ: 1006, kcal: 239

- **4 Pck. (je 450 g) tiefgekühlter Grünkohl**
- **3 Zwiebeln**
- **4 EL Speiseöl**
- **Meersalz**
- **frisch gemahlener Pfeffer**
- **1,2 kg gekochte Kartoffeln**
- **250 ml (¼ l) Milch**
- **4 Eier**
- **geriebene Muskatnuß**

1 Den Grünkohl aus der Packung nehmen, antauen lassen.

2 Die Zwiebeln abziehen, fein würfeln, in dem erhitzten Fett andünsten. Grünkohl hinzufügen, ganz auftauen lassen.

3 Mit Salz und Pfeffer würzen, etwas Wasser hinzugießen. Etwa die Hälfte der Grünkohl-Mischung in eine große gefettete Auflaufform oder Fettfangschale füllen.

4 Die Kartoffeln pellen. Durch die Kartoffelpresse auf den Grünkohl geben und mit dem restlichen Grünkohl bedecken.

5 Milch mit Eiern, Salz, Pfeffer und Muskat verschlagen, über den Auflauf geben.

6 Die Fettfangschale oder die Form auf dem Rost in den Backofen schieben.

Ober-/Unterhitze:
etwa 200 °C (vorgeheizt)
Heißluft:
etwa 180 °C (nicht vorgeheizt)
Gas: etwa Stufe 4 (vorgeheizt)
Garzeit: etwa 40 Min.

Tip:
Zu kaltem Kasseler reichen.

Kartoffelauflauf mit Bacon

Foto
Zubereitungszeit: 100 Min.

Pro Portion:
E: 7 g, F: 26 g, Kh: 30 g,
kJ: 1663, kcal: 397

- **2 kg mehligkochende Kartoffeln**
- **2 Bund Frühlingszwiebeln**
- **400 g Bacon**
- **Salz**
- **frisch gemahlener Pfeffer**
- **500 ml (1/2 l) heiße Gemüsebrühe**
- **60 g Semmelbrösel**
- **60 g Butter**

1 Kartoffeln waschen, schälen, waschen, in Scheiben schneiden. Frühlingszwiebeln putzen, waschen, in feine Scheiben schneiden, mit den Kartoffeln mischen.

2 Eine große Kastenform oder Fettfangschale mit Bacon auslegen, Kartoffeln und Frühlingszwiebelscheiben hineingeben, mit Salz, Pfeffer bestreuen.

3 Brühe darübergeben, Semmelbrösel darüberstreuen.

4 Butter in Flöckchen darauf setzen. Die Fettfangschale oder die Form auf dem Rost in den Backofen schieben.

Ober-/Unterhitze:
etwa 200 °C (vorgeheizt)
Heißluft: etwa 180 °C
(nicht vorgeheizt)
Gas: etwa Stufe 4 (vorgeheizt)
Backzeit: etwa 65 Min.

Bohnenpakete mit Käse

Zubereitungszeit: 70 Min.

Pro Portion:
E: 7 g, F: 6 g, Kh: 9 g,
kJ: 498, kcal: 120

- **1,2 kg zarte Brechbohnen**
- **Salz**
- **gerebeltes Bohnenkraut**
- **12 dünne Scheiben Raclettekäse**
- **6 rechteckige Tiefkühl-Blätterteigplatten**
- **1 Eigelb**
- **2 EL Wasser**

1 Bohnen putzen, die Enden abschneiden, Bohnen waschen, im Ganzen in wenig Salzwasser etwa 15 Minuten kochen (sie sollten noch knackig sein), abtropfen und abkühlen lassen.

2 Die Bohnen in 12 gleichgroße Portionen teilen, mit etwas Bohnenkraut bestreuen und jede Portion in eine Scheibe Käse wickeln.

3 Blätterteig auftauen lassen, jede Platte einmal teilen und so groß ausrollen, daß man die Bohnenpakete in ein Teigstück packen kann.

4 Ränder der Pakete gut andrücken. Oberfläche eventuell mit Teigresten verzieren, mit verschlagenem Eigelb bestreichen.

5 Auf ein mit kaltem Wasser abgespültes Backblech legen und in den Backofen schieben.

Ober-/Unterhitze:
etwa 200 °C (vorgeheizt)
Heißluft:
etwa 180 °C (nicht vorgeheizt)
Gas: etwa Stufe 3 (vorgeheizt)
Backzeit: etwa 20 Min.

Spaghetti-Torte mit Tomatensauce

6 Portionen
Zubereitungszeit: 90 Min.

Pro Portion:
E: 30 g, F: 52 g, Kh: 70 g, kJ: 3811, kcal: 910

- **500 g Spaghetti**
- **3 l Salzwasser**
- **2 EL Speiseöl**
- **150 g mittelalter Holland-Gouda**
- **200 g Cocktailtomaten**
- **200 g tiefgekühlte Erbsen**
- **250 ml (1/4 l) Schlagsahne**
- **200 g Schmand**
- **6 Eier**
- **Salz**
- **frisch gemahlener Pfeffer**
- **1 EL gehackte Petersilie**

Für die Tomatensauce:

- **2 Zwiebeln**
- **2 Knoblauchzehen**
- **4 EL Olivenöl**
- **500 g Fleischtomaten**
- **1 Dose (800 g) geschälte Tomaten**
- **2 EL Tomatenmark**
- **Salz, Pfeffer**
- **gerebelter Oregano**

1 Spaghetti in kochendem Salzwasser mit Öl nach Packungsanleitung bißfest garen, abgießen, kalt abschrecken.

2 Käse reiben. Cocktailtomaten waschen, Stengelansätze entfernen. 2 Tomaten in Scheiben schneiden, den Rest in Stücke schneiden.

3 Tomatenstücke und Käse mit den Erbsen unter die Spaghetti mischen. Sahne, Schmand mit den Eiern verrühren, salzen und pfeffern.

4 Spaghettimasse in eine Springform (Ø 26 cm) geben. Die Form außen mit Alufolie auskleiden (damit die Eiermilch nicht ausläuft). Eier-Sahne-Guß über die Spaghetti gießen.

5 Form auf dem Rost in den Backofen schieben.

Ober-/Unterhitze: etwa 200 °C (vorgeheizt)
Heißluft: etwa 180 °C (nicht vorgeheizt)
Gas: Stufe 3–4 (vorgeheizt)
Backzeit: etwa 60 Min.

6 Zum Servieren Alufolie lösen, Torte vom Rand und Boden lösen, auf eine Platte setzen und die Spaghetti-Torte mit einem elektrischen Messer in Stücke schneiden. Mit gehackter Petersilie und den zurückgelassenen Tomatenscheiben garnieren.

7 Für die Tomatensauce Zwiebeln und Knoblauch abziehen, würfeln, in erhitztem Öl andünsten.

8 Tomaten kurz in kochendes Wasser legen, in kaltem Wasser abschrecken, Tomaten abziehen, Stengelansätze entfernen. Tomaten in Stücke schneiden, zu den Zwiebeln geben und andünsten.

9 Die Tomaten aus der Dose und Tomatenmark hinzufügen, mit Salz, Pfeffer und Oregano würzen, dabei die Tomaten zerdrücken und etwa 10 Minuten kochen lassen. Nach Belieben die Sauce pürieren und zu der Spaghetti-Torte reichen.

Tip:
In die Tomatensauce Oliven geben.

Auflauf von Ravioli

Zubereitungszeit: 60 Min.

Pro Portion:
E: 18 g, F: 32 g, Kh: 21 g,
kJ: 1960, kcal: 468

- **4 Zwiebeln**
- **100 g Butter**
- **250 ml (1/4 l) Milch**
- **250 ml (1/4 l) Schlagsahne**
- **8 Eigelb**
- **Salz**
- **frisch gemahlener Pfeffer**
- **3 Dosen (je 800 g) Ravioli in Tomatensauce**
- **150 g geriebener Gruyère Käse**
- **2 EL gehackte Kräuter, z. B. Petersilie, Schnittlauchröllchen**

1 Zwiebeln abziehen, in feine Würfel schneiden und in der Butter andünsten.

2 Mit Milch und Sahne ablöschen und etwas einkochen lassen, leicht abkühlen lassen.

3 Eigelb unter die Flüssigkeit geben und vermengen. Mit etwas Salz und Pfeffer abschmecken.

4 Ravioli in eine große feuerfeste Form oder in die Fettfangschale geben und die Eiermasse darübergeben. Mit dem geriebenen Käse bestreuen und auf dem Rost in den Backofen schieben.

Ober-/Unterhitze:
etwa 200 °C (vorgeheizt)
Heißluft: etwa 180 °C
(nicht vorgeheizt)
Gas: Stufe 3–4 (nicht vorgeheizt)
Backzeit: etwa 40 Min.

5 Auflauf herausnehmen, mit gehackten Kräutern bestreuen und sofort servieren.

Abwandlung:

Überbackene Maultaschen

Fertige Maultaschen aus dem Kühlregal in eine Auflaufform schichten. Die Eier-Zwiebel-Masse darübergeben, mit geriebenem Emmentaler und ausgelassenen Speckwürfeln bestreuen, auf dem Rost in den Backofen schieben.

Beilage:

Gemischte Blattsalate.

Tip:

Statt Milch 250 ml Weißwein nehmen. Es können auch fertige Ravioli aus dem Kühlregal verwendet werden, die Tomatensauce kann dann durch passierte Tomaten aus der Dose ersetzt werden.

Knackige Salatideen

Mit einem bunten Salatbuffet mit Brot und den richtigen Getränken haben Sie für das leibliche Wohl Ihrer Gäste bestens gesorgt.

Curry-Reis-Salat mit Hähnchen

Zubereitungszeit: 70 Min.

Pro Portion:
E: 36 g, F: 35 g, Kh: 29 g, kJ: 2433, kcal: 581

- **300 g Langkornreis**
- **Salz**
- **150 g Zwiebeln**
- **6 EL Speiseöl**
- **2 EL Currypulver**
- **250 ml (1/4 l) Schlagsahne**
- **2 gebratene Hähnchen (je etwa 1 kg)**
- **1 Dose (460 g) Ananas**
- **250 g Mayonnaise**

1 Reis in reichlich Salzwasser etwa 20 Minuten kochen, abgießen, kurz kalt abschrecken, gut abtropfen lassen.

2 Zwiebeln abziehen, fein hacken, in dem erhitztem Öl andünsten, Curry und den gegarten Reis zugeben. Mit Sahne ablöschen und abkühlen lassen.

Abwandlung:

Fruchtiger Curry-Reis-Salat
Den Salat wie oben zubereiten. Statt Hähnchenfleisch Mandarinen aus der Dose und Bananenscheiben unterheben.

3 Hähnchen von Haut und Knochen lösen, in mundgerechte Stücke schneiden. Ananas auf ein Sieb geben, in Würfel schneiden.

4 Alle Zutaten vermischen, mit Mayonnaise verrühren und gut durchziehen lassen, vor dem Anrichten nochmal abschmecken.

Tip:
Frische Ananas verwenden.

Linsensalat

Foto
Zubereitungszeit: 2 1/2 Std.

Pro Portion:
E: 28 g, F: 42 g, Kh: 27 g,
kJ: 2604, kcal: 620

- **500 g Tellerlinsen**
- **2 Zwiebeln**
- **2 Lorbeerblätter**
- **1 1/2 l Gemüsebrühe**
- **6 Wiener Würstchen (600 g)**
- **2 Bund Frühlingszwiebeln**
- **400 g Maasdamer**

Für die Marinade:

- **2 EL süßer Senf**
- **Salz, Pfeffer**
- **Zucker**
- **3 EL gehackte Petersilie**
- **8 EL Essig**
- **200 ml Speiseöl**

1 Linsen mit abgezogenen Zwiebeln und Lorbeerblättern in der Brühe 50–60 Minuten kochen.

2 Linsen auf ein Sieb geben, Lorbeerblätter und Zwiebeln entfernen. Sud auffangen. Linsen in eine Schüssel geben und abkühlen lassen.

3 Würstchen in dünne Scheiben schneiden. Frühlingszwiebeln putzen, waschen, in Ringe schneiden. Käse in Scheiben, dann in kleine Quadrate schneiden. Alle Zutaten vermischen.

4 Für die Marinade Senf, Salz, Pfeffer, Zucker, Petersilie, Essig und Öl verrühren, etwas Linsenkochsud dazugeben.

5 Marinade mit den Salatzutaten mischen und 30 Minuten ziehen lassen.

Konfettisalat mit Shrimps

Zubereitungszeit: 80 Min.

Pro Portion:
E: 18 g, F: 24 g, Kh: 10 g,
kJ: 1468, kcal: 350

- **1 Bund Frühlingszwiebeln**
- **3 rote Paprikaschoten**
- **3 grüne Paprikaschoten**
- **1–2 (1 kg) Salatgurken**
- **1 Dose (480 g) Gemüsemais**
- **200 g schwarze Oliven**
- **1 Glas (285 g) Silberzwiebeln**
- **400 g Holland-Ziegenkäse**
- **400 g Grönland-Shrimps**
- **1 Bund Schnittlauch**

Für die Sauce:

- **1 EL mittelscharfer Senf**
- **Salz, Pfeffer**
- **etwas Zucker**
- **6 EL Kräuteressig**
- **125 ml (1/8 l) Weißwein**
- **125 ml (1/8 l) Olivenöl**

1 Frühlingszwiebeln putzen, waschen, in Ringe schneiden. Paprikaschoten vierteln, entstielen, entkernen, die weißen Scheidewände entfernen, waschen und würfeln.

2 Gurken waschen und in geviertelte Scheiben schneiden. Mais, Oliven und Silberzwiebeln zum Abtropfen jeweils auf ein Sieb geben.

3 Käse würfeln. Shrimps trockentupfen. Schnittlauch abspülen, trockentupfen, in Röllchen schneiden. Alle Zutaten mischen.

4 Für die Sauce Senf, Salz, Pfeffer, Zucker, Essig, Wein und Öl zu einer Marinade verrühren, über den Salat geben.

"Indianersalat"

Foto
Zubereitungszeit: 60 Min.

Pro Portion:
E: 4 g, F: 13 g, Kh: 31 g,
kJ: 1142, kcal: 273

- **1 kg Pellkartoffeln, vom Vortag**
- **500 g enthäutete Tomaten**
- **400 g Ananas**
- **4 Bananen**
- **Saft von 2 Zitronen**

Für die Marinade:

- **3 TL Senf**
- **3–4 EL Zitronensaft**
- **2 Becher (je 150 g) saure Sahne**
- **400 g Mayonnaise**
- **Salz**
- **frisch gemahlener Pfeffer**
- **1 TL Paprika edelsüß**
- **1 Prise Zucker**

1 Kartoffeln pellen und würfeln. Tomaten entkernen und in Würfel schneiden.

2 Ananas schälen und würfeln. Bananen schälen, in Scheiben schneiden, mit Zitronensaft beträufeln.

3 Für die Marinade Senf, Zitronensaft, saure Sahne, Mayonnaise und Gewürze verrühren und mit den Salatzutaten verrühren, den Salat etwas ziehen lassen.

Tip:
Ananas aus der Dose nehmen.

Sechser Salat

8 Portionen
Zubereitungszeit: 30 Min., ohne Durchziehzeit

Pro Portion:
E: 20 g, F: 24 g, Kh: 25 g,
kJ: 1743, kcal: 416

- **6 Pellkartoffeln (600 g)**
- **6 kleine Äpfel (780 g)**
- **6 hartgekochte Eier**
- **6 Gewürzgurken (150 g)**
- **6 Zwiebeln (300 g)**
- **6 Scheiben Fleischwurst (300 g)**

Für die Sauce:

- **150 g Salatmayonnaise**
- **1 Becher (150 g) Joghurt**
- **1 gestr. EL Senf**
- **Salz**
- **frisch gemahlener Pfeffer**
- **1 Prise Zucker**

1 Kartoffeln pellen, in Scheiben schneiden. Äpfel schälen, vierteln, entkernen, in Stücke schneiden.

2 Eier pellen, in Scheiben schneiden. Gewürzgurken in Scheiben schneiden.

3 Zwiebeln abziehen, halbieren, in Streifen schneiden, in Salzwasser 3 Minuten blanchieren, auf ein Sieb geben. Fleischwurst in Streifen schneiden.

4 Für die Sauce Mayonnaise, Joghurt und Senf verrühren, mit Salz, Pfeffer und Zucker abschmecken. Die Zutaten damit vermischen und gut durchziehen lassen.

Leberkäsesalat

Foto – 10 Portionen
Zubereitungszeit: 65 Min.

Pro Portion:
E: 17 g, F: 39 g, Kh: 4 g,
kJ: 1919, kcal: 458

- **1 kg Leberkäse**
- **300 g tiefgekühlte Erbsen**
- **Salzwasser**
- **400 g Paprikastreifen (aus dem Glas)**
- **600 g eingelegte saure Gurken**

Für die Marinade:

- **4 EL Essig**
- **1 EL Senf**
- **125 ml (1/8 l) Speiseöl**
- **frisch gemahlener Pfeffer**
- **Salz**
- **Paprika**

- **3 Zwiebeln**
- **1 Bund gehackte Petersilie**

1 Leberkäse würfeln. Erbsen in Salzwasser 5 Minuten garen, auf ein Sieb geben.

2 Paprikastreifen auf ein Sieb geben. Gurken würfeln, die Salatzutaten vermengen.

3 Für die Marinade Essig, Senf, Öl und Gewürze verrühren, über die Salatzutaten geben und 30 Minuten ziehen lassen.

4 Kurz vor dem Servieren Zwiebeln abziehen, in feine Ringe schneiden, mit der Petersilie unter den Salat heben.

Italienische Tomaten

12 Stück
Zubereitungszeit: 40 Min.

Pro Portion:
E: 8 g, F: 15 g, Kh: 3 g,
kJ: 790, kcal: 189

- **12 kleine Tomaten**
- **Salz**
- **frisch gemahlener Pfeffer**

Für die Füllung:

- **3 Pck. (je 125 g) Mozzarella**
- **5 EL Basilikumstreifen**
- **5 EL Mozzarella-Molke**
- **8 EL kalt gepreßtes Olivenöl**
- **6 EL Balsamessig**
- **Salz**
- **frisch gemahlener, weißer Pfeffer**
- **Basilikumblättchen**

1 Tomaten waschen, abtrocknen, Deckel abschneiden, das Innere aushöhlen. Die Tomaten innen mit Salz und Pfeffer bestreuen.

2 Für die Füllung Mozzarella in kleine Würfel schneiden, Flüssigkeit aufheben, Mozzarella mit Basilikum vermengen.

3 Molke mit Olivenöl und Essig verrühren, mit Salz und Pfeffer würzen.

4 Die Marinade über die Füllung geben, etwas darin ziehen lassen, in die Tomaten füllen, mit Basilikumblättchen garnieren.

Beilage:
Fladenbrot.

Tip:
In die Marinade 1 abgezogene, durchgepreßte Knoblauchzehe geben.

Rotkrautsalat mit Preiselbeeren

Foto
Zubereitungszeit: 30 Min., ohne Durchziehzeit

Pro Portion:
E: 2 g, F: 11 g, Kh: 11 g, kJ: 639, kcal: 152

- **1½ kg Rotkohl**
- **4 Zwiebeln**
- **125 ml (⅛ l) Sonnenblumenöl**
- **6 EL Rotweinessig**
- **Salz, Pfeffer**
- **Zucker**
- **1 Glas (280 g) Preiselbeeren**

1 Von dem Rotkohl die groben, äußeren Blätter entfernen, den Kohl vierteln, waschen, sehr fein schneiden oder hobeln.

2 Zwiebeln abziehen, fein würfeln.

3 Öl, Essig, Salz, Pfeffer und Zucker gut verrühren und mit dem Rotkohl mischen, 1 Stunde durchziehen lassen.

4 Preiselbeeren unterrühren und noch etwas durchziehen lassen.

Tip:
Der Salat kann gut am Vortag zubereitet werden. Schneller geht es, wenn man Rotkohl aus der Dose nimmt.

Krautsalat mit Speck

Zubereitungszeit: 1 Std., ohne Durchziehzeit

Pro Portion:
E: 4 g, F: 27 g, Kh: 7 g, kJ: 1247, kcal: 298

- **2 kg Weißkohl**
- **2 schwach gehäufte EL Salz**
- **300 g durchwachsener Speck**
- **125 ml (⅛ l) Speiseöl**
- **4 Zwiebeln**
- **6 EL Weißweinessig**
- **Salz**
- **2 TL Zucker**
- **frisch gemahlener Pfeffer**

1 Vom Weißkohl die groben, äußeren Blätter entfernen. Den Kohl vierteln, den Strunk herausschneiden. Den Kohl waschen und fein schneiden.

2 Kohl mit dem Salz gut verkneten und 2 Stunden stehen lassen. Die entstandene Flüssigkeit abgießen.

3 Speck würfeln. 4 Eßlöffel von dem Öl erhitzen, Speckwürfel darin andünsten, mit dem Kohl vermengen.

4 Zwiebeln abziehen, würfeln, mit dem Rest Öl und Essig verrühren, mit Salz, Zucker und Pfeffer abschmecken.

5 Den Weißkohl mit der Sauce gut mischen und durchziehen lassen.

Tip:
Nach Belieben Kümmel an den Krautsalat geben.

Schichtsalat

Zubereitungszeit: 1 Std., ohne Ziehen lassen

Pro Portion:
E: 19 g, F: 37 g, Kh: 29 g, kJ: 2292, kcal: 547

- **8 Eier**
- **2 Gläser (je 370 g) Selleriestreifen oder -scheiben**
- **1 Dose (540 g) Mais**
- **2 Dosen (je 480 g) Ananas**
- **4 säuerliche Äpfel**
- **3 Stangen Porree (Lauch)**
- **400 g gekochter Schinken**

Für die Sauce:

- **500 g Miracel Whip oder Salatmayonnaise**
- **500 ml (1/2 l) Schlagsahne**

1 Eier in Wasser 10 Minuten kochen, abgießen, etwas abkühlen lassen, pellen und in Achtel oder Scheiben schneiden.

2 Sellerie, Mais und Ananas auf ein Sieb geben. Ananas in Streifen schneiden.

3 Äpfel schälen, vierteln, entkernen, in kleine Stücke schneiden. Porree putzen, waschen, in feine Ringe schneiden. Schinken in Würfel oder Streifen schneiden.

4 Für die Sauce Miracel Whip oder Mayonnaise und Sahne verrühren.

5 Die Zutaten abwechselnd mit der verrührten Mayonnaise in eine große Schüssel schichten und 12 Stunden ruhen lassen.

Abwandlung:

24-Stunden-Salat

Der Reihe nach in eine große Schüssel schichten: 1 Eisbergsalat, in Streifen, 2 grüne Paprika, in Würfeln, 300 g gegarte Erbsen, 1 große Gemüsezwiebel, in Streifen, 4 gekochte Eier, in Scheiben, 1 kleine Dose Kidneybohnen und 1 kleine Dose Mais. Über den geschichteten Salat eine Sauce aus 150 g Joghurt, 150 g Crème fraîche und 250 g Miracel Whip geben. Den Salat mit geraffeltem Gouda bedekken und 24 Stunden ziehen lassen.

Tip:

Bevor Sie mit dem Schichten beginnen, den Boden der Schüssel mit Kresse ausstreuen.
Beim Schichtsalat gibt es inzwischen viele Varianten; zum Schichten eignen sich auch Eisbergsalat, Tomaten, Fenchel, Gurken, Möhren, Erbsen, Paprika

Brotsalat "Italienisch"

Foto
Zubereitungszeit: 60 Min.

Pro Portion:
E: 10 g, F: 27 g, Kh: 16 g,
kJ: 1527, kcal: 365

- **12 dicke Scheiben Weißbrot**
- **10 EL Olivenöl**
- **6 Knoblauchzehen**
- **150 g Mandelstifte**
- **je 1 rote und grüne Paprikaschote**
- **4 Fleischtomaten**
- **300 g roher Schinken**
- **20 schwarze Oliven**
- **5 EL Weinessig**
- **Salz**
- **frisch gemahlener Pfeffer**

1 Vom Weißbrot die Rinde abschneiden. Weißbrot in Würfel schneiden, in erhitztem Öl leicht rösten. Knoblauch abziehen, durch die Presse zu dem Brot geben.

2 Mandelstifte in einer Pfanne ohne Fett leicht rösten. Paprikaschoten vierteln, entstielen, entkernen, die weißen Scheidewände entfernen, Paprika waschen, in Würfel schneiden.

3 Tomaten waschen, Stengelansätze entfernen, Tomaten in Würfel schneiden. Schinken in Streifen schneiden.

4 Die Zutaten mit den Oliven mischen. Essig mit Salz und Pfeffer verrühren, nach Belieben noch etwas Öl hinzufügen und die Zutaten mischen. Den Salat etwas durchziehen lassen.

Tip:
Den Salat nach Belieben mit Zwiebelringen bestreuen.

Brotsalat "Toskana"

Zubereitungszeit: 60 Min.

Pro Portion:
E: 3 g, F: 12 g, Kh: 19 g,
kJ: 850, kcal: 203

- **15 Scheiben altbackenes Weißbrot oder 1 langes Baguette**
- **10 Knoblauchzehen**
- **5 Zwiebeln**
- **8 Tomaten**
- **2 Salatgurken**
- **2 Bund glatte Petersilie**
- **1 Topf Basilikum**
- **8 EL Weinessig**
- **125 ml (1/8 l) Olivenöl**
- **Salz, Pfeffer**

1 Die Brotscheiben in einer Schüssel mit Wasser beträufeln und einweichen.

2 Knoblauch und Zwiebeln abziehen. Knoblauch würfeln, Zwiebeln in dünne Scheiben schneiden. Tomaten waschen, Stengelansätze entfernen, Tomaten in kleine Stücke schneiden.

3 Gurken schälen, längs halbieren, mit Hilfe eines Teelöffels entkernen. Das Gurkenfleisch in Streifen schneiden.

4 Petersilie und Basilikum abspülen, trockentupfen, die Blättchen von den Stengeln zupfen und kleinschneiden.

5 Aus Essig, Öl, Salz und Pfeffer eine Marinade zubereiten.

6 Das Weißbrot gut ausdrücken und mit der Marinade gut mischen. Die anderen Zutaten zufügen, mischen und etwa 15 Minuten durchziehen lassen.

Bunter Nudelsalat

Foto
Zubereitungszeit: 65 Min.

Pro Portion:
E: 21 g, F: 23 g, Kh: 40 g, kJ: 2009, kcal: 480

- **500 g Schleifennudeln**
- **Salz**
- **2 EL Speiseöl**
- **2 rote Paprikaschoten**
- **600 g tiefgekühlte Erbsen**
- **375 ml (3/8 l) Gemüsebrühe**
- **500 g Maasdamer**
- **400 g Senfgurken (aus dem Glas)**

Für die Sauce:

- **250 g Salatmayonnaise**
- **300 g Joghurt**
- **etwas Gurkenflüssigkeit**
- **80 g Kapern**
- **2 EL Essig**
- **frisch gemahlener Pfeffer**

1 Nudeln in kochendem Salzwasser mit Öl nach Packungsanleitung kochen, auf ein Sieb geben, mit kaltem Wasser abschrecken.

2 Paprikaschoten halbieren, entstielen, entkernen, die weißen Scheidewände entfernen, Paprika waschen und fein würfeln. Paprikawürfel mit den Erbsen etwa 5 Minuten in der Brühe garen, auf ein Sieb geben.

3 Käse und abgetropfte Gurken würfeln. Alle Zutaten mit den Nudeln mischen.

4 Aus Salatmayonnaise, Joghurt, Gurkenflüssigkeit, Kapern, Essig, Pfeffer und Salz eine Sauce rühren, mit dem Salat vermischen und etwas durchziehen lassen.

Heringssalat

Zubereitungszeit: 2 Std., ohne Durchziehzeit

Pro Portion:
E: 14 g, F: 16 g, Kh: 19 g, kJ: 1254, kcal: 300

- **750 g Kartoffeln**
- **750 g Rote Bete**
- **500 g Äpfel**
- **500 g Gewürzgurken**
- **750 g Matjesfilets**
- **4 Zwiebeln**
- **Salz**
- **1 EL Senf**
- **2 TL Zucker**
- **6 EL Apfelessig**
- **125 ml (1/8 l) Schlagsahne**
- **Eischeiben von 6 Eiern**
- **Petersilie**

1 Kartoffeln waschen, 20–25 Minuten kochen, abgießen, abdämpfen und pellen, etwas abkühlen lassen. Rote Bete gründlich waschen, mit Schale etwa 1 Stunde kochen, pellen. Äpfel schälen, Kerngehäuse entfernen.

2 Kartoffeln, Rote Bete, Äpfel, Gewürzgurken und Matjesfilets würfeln, bei den Matjesfilets die Gräten entfernen.

3 Zwiebeln abziehen, würfeln, mit Salz, Senf, Zucker und Essig verrühren.

4 Sahne unterrühren, vorsichtig mit den Zutaten vermengen. Am besten über Nacht durchziehen lassen.

5 Mit Eischeiben und Petersilie garnieren.

Kartoffelsalat mit Käse

Foto
Zubereitungszeit: 3 Std.

Pro Portion:
E: 18 g, F: 20 g, Kh: 44 g, kJ: 1863, kcal: 444

- **3 kg festkochende Kartoffeln**
- **Salzwasser**
- **2 TL Kümmel**
- **2 Bund Frühlingszwiebeln**
- **500 ml (1/2 l) Gemüsebrühe**
- **2 Bund Radieschen**
- **300 g Käse, z. B. Holland-Gouda mit Kümmel oder Senfkörnern**

Für die Sauce:

- **300 g Salatmayonnaise**
- **300 g Joghurt**
- **frisch gemahlener Pfeffer**
- **2–3 EL Essig**
- **6 hartgekochte Eier**
- **3 EL Schnittlauchröllchen**

1 Kartoffeln waschen, in Salzwasser mit Kümmel etwa 25 Minuten kochen, abgießen, kurz abschrekken und pellen. Kartoffeln etwas abkühlen lassen und in Scheiben schneiden.

2 Frühlingszwiebeln putzen, waschen, in kleine Ringe schneiden. Brühe aufkochen und über die Kartoffeln und Frühlingszwiebeln gießen, etwa 30 Minuten ziehen lassen.

3 Radieschen putzen, waschen, achteln. Käse in 1/2 cm dicke Scheiben, dann in kurze Streifen schneiden. Zutaten unter die Kartoffeln mischen.

4 Für die Sauce Mayonnaise mit Joghurt, Pfeffer und Essig würzen, unter den Salat heben und etwa 1 Stunde ziehen lassen.

5 Eier pellen und in Stücke schneiden, auf den Salat geben. Salat vor dem Servieren mit Schnittlauchröllchen bestreuen.

Süss-saure Soleier

Zubereitungszeit: 15 Min., ohne Marinieren lassen

Pro Portion:
E: 9 g, F: 8 g, Kh: 6 g, kJ: 552, kcal: 132

- **12 Eier**
- **kochendes Salzwasser**
- **600 ml Wasser**
- **3 EL Salz**
- **3 EL Senfkörner**
- **150 ml Obstessig**
- **3 EL Rohrzucker**
- **15 weiße Pfefferkörner**

1 Eier in kochendem Salzwasser 7 Minuten kochen, abschrekken.

2 Wasser mit Salz, Senfkörnern, Essig, Zucker und Pfefferkörnern zum Kochen bringen.

3 Die Schalen der Eier rundherum eindrücken und die Eier mindestens 24 Stunden in der Marinade ziehen lassen.

Tip:

Zum Verzehr werden die Eier gepellt und halbiert. Das Eigelb vorsichtig herausnehmen, in die Hälfte des Eiweißes gibt man etwas Senf, Worcestersauce oder Pfeffer, Essig und Öl oder Ketchup, Sojasauce oder Chutneys. Nun legt man das Eigelb umgekehrt wieder auf das Ei und verspeist das Ganze in einem Bissen.

Marinierte Champignons mit Rosmarin

Foto
Zubereitungszeit: 1 Std., ohne Ziehen lassen

Pro Portion:
E: 5 g, F: 22 g, Kh: 6 g, kJ: 1103, kcal: 262

- **2½ kg kleine Champignons**
- **1–2 Chilischoten**
- **8 Knoblauchzehen**
- **2 Zweige Rosmarin**
- **250 ml (¼ l) Weinessig**
- **250 ml (¼ l) Weißwein**
- **250 ml (¼ l) Speiseöl**
- **2 EL grüne Pfefferkörner**
- **2 TL Salz**

1 Champignons putzen, mit Küchenpapier abreiben, eventuell abspülen. Chilischoten putzen, waschen. Knoblauch abziehen, in dünne Scheiben schneiden. Rosmarin abspülen.

2 Essig, Wein und Öl mit Chilischoten, Knoblauch, Rosmarin, Pfefferkörnern und Salz aufkochen.

3 Pilze in diesem Sud etwa 10 Minuten ziehen lassen. Abgekühlt in verschließbare Gläser füllen und im Kühlschrank ein paar Tage ziehen lassen.

Tip:
Marinierte Champignons zu Grillspezialitäten reichen.

Zwiebelchen, süss-sauer

Zubereitungszeit: 60 Min., ohne Durchziehzeit

Pro Portion:
E: 2 g, F: 1 g, Kh: 28 g, kJ: 578, kcal: 138

- **250 ml (¼ l) Weißwein**
- **250 ml (¼ l) Weißweinessig**
- **250 g brauner Rohrzucker**
- **1 EL Senfkörner**
- **3 Lorbeerblätter**
- **6 Pimentkörner**
- **12 Pfefferkörner**
- **3 Wacholderbeeren**
- **2 Sternanis**
- **1 TL gemahlener Ingwer**
- **1 kg kleine Zwiebeln**

1 Weißwein mit Essig, Zucker und Gewürzen zum Kochen bringen, zu einem Sud einkochen.

2 Zwiebeln abziehen, im Sud zum Kochen bringen, 8–12 Minuten (je nach Größe) köcheln lassen.

3 Zwiebeln mit dem Sud in ein Glas füllen, fest verschließen, etwa 1 Woche durchziehen lassen.

Beilage:
Kalter Braten.

Tip:
Hält bei kühler Lagerung im Keller bis zu 2 Monaten.

Kleine Leckereien, die jeden Ihrer Gäste zum Probieren verführen.

Verschiedene Snacks

Fritierte Gemüseplatte

8 Portionen
Zubereitungszeit: 70 Min.

Pro Portion:
E: 11 g, F: 82 g, Kh: 30 g, kJ: 3939, kcal: 941

Für den Teig:

- **250 g Weizenmehl**
- **4 Eigelb**
- **250 ml (1/4 l) Bier**
- **75 g zerlassene Butter**
- **Salz, Pfeffer**
- **2 Eiweiß**

- **400 g Zucchini**
- **500 g Brokkoli**
- **400 g Möhren**
- **24 frische Champignons**
- **60 g Butterschmalz**
- **4 mittelgroße Zwiebeln**
- **8 Stengel Petersilie**
- **1 1/2 kg Fritierfett**

1 Für den Teig das Mehl, Eigelb, Bier und Butter mit dem Handrührgerät mit Rührbesen verrühren. Teig mit Salz, Pfeffer würzen und 15 Minuten ruhen lassen. Eiweiß steif schlagen, unterheben.

2 Inzwischen Zucchini, Brokkoli, Möhren putzen, waschen, Möhren schälen, in kurze Streifen schneiden. Zucchini in 3 cm dicke Scheiben schneiden, Brokkoli in Röschen zerteilen, Stiele in dünne Scheiben schneiden. Die Gemüsesorten 2–3 Minuten in Salzwasser garen, kalt abbrausen und abkühlen lassen.

3 Champignons mit Küchenpapier abreiben, in erhitztem Butterschmalz kurz in der Pfanne andünsten, abkühlen lassen, danach salzen. Zwiebeln abziehen, in dünne Ringe schneiden. Kräuter abspülen, trockentupfen.

4 Fritierfett in einem großen Topf oder in einer Friteuse erhitzen. Die vorbereiteten Zutaten mit Hilfe zweier Gabeln in den Bierteig tauchen, etwas abtropfen lassen und im heißen Fett goldgelb fritieren. Mit dem Schaumlöffel herausnehmen, auf Küchenpapier abtropfen lassen.

Tip:
Junge Möhren mit Grün ganz lassen.

Kartoffelrösti, raffiniert belegt

24 Stück
Zubereitungszeit: 30 Min.

Pro Portion:
E: 6 g, F: 9 g, Kh: 7 g,
kJ: 580, kcal: 139

- **24 tiefgefrorene Kartoffeltaler oder -rösti für den Backofen**
- **500 g Käse mit Knoblauch, am Stück, z. B. Baars oder Leerdamer**
- **16 Cocktailtomaten**
- **Möhrenscheiben von 3 Möhren**
- **Salzwasser**
- **grober Pfeffer**
- **Basilikum**
- **Zitronenmelisse**
- **Koriander**
- **Schnittlauch**

1 Kartoffelrösti aus der Packung nehmen, auf ein Backblech legen und in den Backofen schieben.

Ober/Unterhitze:
etwa 220 °C (vorgeheizt)
Heißluft:
etwa 200 °C (nicht vorgeheizt)
Gas: Stufe 4–5 (vorgeheizt)
Backzeit: etwa 8 Min.

2 Inzwischen den Käse in Scheiben schneiden, diese halbieren, so daß Dreiecke entstehen oder Kreise ausstechen.

3 Tomaten waschen, Stengelansätze entfernen, Tomaten vierteln. Möhrenscheiben etwa 5 Minuten in kochendem Salzwasser garen.

4 Kartoffelrösti wenden, mit den Käsescheiben, den Tomatenvierteln und Möhrenscheiben belegen, wieder in den Backofen schieben und bei gleicher Temperatur weitere 8–10 Minuten backen, bis der Käse zerlaufen ist.

5 Rösti nach Belieben mit Pfeffer bestreuen und mit den Kräutern garnieren.

Abwandlungen:

Überbackene Mozzarellapuffer
Dafür Kartoffelpuffer oder -rösti mit Salamischeiben, Tomatenscheiben und Mozzarella belegen, mit buntem Pfeffer bestreuen und überbacken.

Kartoffelrösti mit Lachs
Dafür je 2 Rösti mit einer Scheibe Lachs, Crème fraîche und Kaviar anrichten, mit Zitrone und Dill garnieren.

Tip:

Wenn Sie mehr Zeit haben, bereiten Sie die Rösti frisch zu.

Frühlingsrollen mit süss-saurer Sauce

20 Stück
Zubereitungszeit: 80 Min.

Pro Portion:
E: 3 g, F: 26 g, Kh: 14 g, kJ: 1302, kcal: 311

- **10 g Mu-err Pilze**
- **20 Blatt tiefgekühlter Frühlingsrollenteig (21,5 x 21,5 cm)**
- **250 g Möhren**
- **1 rote Paprikaschote**
- **250 g Porree (Lauch)**
- **200 g Sojasprossen**
- **2 Knoblauchzehen**
- **2 EL Sojaöl**
- **Salz**
- **frisch gemahlener Pfeffer**
- **3 TL Sojasauce**

Für die Sauce:

- **125 g Zwiebeln**
- **1 rote Paprikaschote**
- **1 Knoblauchzehe**
- **2 EL Sojaöl**
- **500 ml (1/2 l) Gemüsesaft**
- **3 EL Essig**
- **1 EL Zucker**
- **1/2 TL Sambal Oelek**

- **1 1/2 l Öl zum Fritieren**

1 Pilze nach Gebrauchsanleitung einweichen. Teig auftauen lassen.

2 Möhren putzen, schälen, waschen, in sehr feine Streifen schneiden. Paprika halbieren, entstielen, entkernen, die weißen Scheidewände entfernen, Paprika waschen, in sehr feine Streifen schneiden.

3 Porree putzen, waschen und in sehr feine Ringe schneiden. Sojasprossen abspülen. Knoblauch abziehen und sehr fein hacken. Die eingeweichten Pilze abtropfen lassen und grob zerkleinern.

4 Öl erhitzen, Knoblauch darin andünsten. Das vorbereitete Gemüse zugeben und kurz andünsten, mit Salz, Pfeffer und Sojasauce kräftig abschmecken, etwas abkühlen lassen.

5 Etwa 2 Eßlöffel Gemüsefüllung auf ein Teigblatt geben, zusammenfalten und aufrollen. Die Teigränder mit Wasser bestreichen und andrücken.

6 Für die Sauce Zwiebeln abziehen, in feine Spalten schneiden. Paprika vierteln, entkernen, weiße Scheidewände entfernen, Schote in Streifen schneiden. Knoblauch abziehen und fein hacken. Öl in einem Topf erhitzen. Die drei Zutaten darin anbraten.

7 Gemüsesaft zugießen und etwas einkochen lassen. Mit Essig, Zucker und Sambal Oelek abschmecken.

8 Öl zum Fritieren erhitzen und die Frühlingsrollen darin goldbraun ausbacken, auf Küchenpapier abtropfen lassen und mit der Sauce servieren.

Tip:

Blätterteigtaschen mit dem Gemüse füllen und im Backofen etwa 20 Minuten backen.

Tacos mit Hackfleischfüllung

Zubereitungszeit: 55 Min.

Pro Portion:
E: 20 g, F: 30 g, Kh: 24 g,
kJ: 1910, kcal: 456

- **1 Zwiebel**
- **4 EL Speiseöl**
- **750 g Rinderhackfleisch**
- **2 Knoblauchzehen**
- **1 Beutel mexikanische Gewürzmischung**
- **Salz**
- **frisch gemahlener Pfeffer**
- **Paprika edelsüß**
- **125 ml (1/8 l) Fleischbrühe**
- **1 Avocado**
- **etwas Zitronensaft**
- **1 Dose (175 g) Mais**
- **150 g saure Sahne**
- **1 EL gehackte Kräuter, z. B. Petersilie, Basilikum**
- **1 kleiner Eisbergsalat**
- **1 Bund Frühlingszwiebeln**
- **1 Pck. (12 Stück) große Taco-Schalen**
- **Tacodip (1 Dose) oder Kräutersahne**
- **125 g geriebener mittelalter Gouda**

1 Zwiebel abziehen und fein würfeln. Öl in einer Pfanne erhitzen, Zwiebelwürfel und Gehacktes darin anbraten, dabei die Fleischklümpchen mit einer Gabel zerdrücken.

2 Knoblauch abziehen, durch eine Knoblauchpresse über das Gehackte geben, gut unterrühren.

3 Gewürzmischung, Salz, Pfeffer und Paprika darübergeben. Brühe dazugießen, umrühren und etwa 15 Minuten zugedeckt bei mittlerer Hitze garen.

4 Avocado halbieren, entkernen, schälen und in Würfel schneiden, mit Zitronensaft beträufeln. Mais auf ein Sieb geben und abtropfen lassen. Saure Sahne und Kräuter verrühren.

5 Eisbergsalat putzen, zerpflükken, waschen, trockenschleudern oder gut abtropfen lassen und in feine Streifen schneiden. Frühlingszwiebeln putzen, waschen und in kleine Ringe schneiden.

6 Taco-Schalen mit der offenen Seite nach unten auf ein Backblech setzen, im Backofen erwärmen.

Ober-/Unterhitze:
etwa 180 °C (vorgeheizt)
Heißluft: etwa 160 °C
(nicht vorgeheizt)
Gas: Stufe 2–3 (vorgeheizt)
Backzeit: 3–4 Min.

7 Alle Zutaten zum Garnieren der Tacos in Schüsseln anrichten, das Hackfleisch in einer Schale auf einem Rechaud warm stellen. Jeweils einen Taco mit Hackfleisch, Salat, Mais, Avocado- und Zwiebelwürfeln füllen, mit Dip beträufeln und mit Gouda bestreuen.

Tip:

Gefüllte Tacos eignen sich sehr gut als Zwischenmahlzeit, als Gericht auf einem Buffet und für Feste und Parties.
Für die Füllung können auch andere Zutaten wie z. B. Gurkenscheiben, geraspelte Möhren oder milde, eingelegte Chilischoten verwendet werden.

Käsepastete

Zubereitungszeit: 3 Std., ohne kalt stellen

Pro Portion:
E: 18 g, F: 25 g, Kh: 6 g, kJ: 1461, kcal: 349

- **9 Blatt weiße Gelatine**
- **600 ml Cidre**
- **Salz**
- **brauner Rohrzucker**

Für die erste Käseschicht:

- **200 g frischer Ziegenkäse**
- **200 g frischer Schafskäse**
- **1 abgezogene, zerdrückte Knoblauchzehe**
- **1 EL gerebeltes Basilikum**
- **weißer Pfeffer**

Für die zweite Käseschicht:

- **200 g reifer Camembert**
- **200 g Weichkäse (60 % F.i.Tr.)**
- **frisch gemahlener Pfeffer**
- **geriebene Muskatnuß**

Für die dritte Käseschicht:

- **200 g Edelpilzkäse**
- **50 g Doppelrahm-Frischkäse**
- **50 g weiche Butter**

1 Gelatine 10 Minuten in kaltem Wasser einweichen, in 100 ml von dem Cidre bei kleiner Hitze auflösen, mit dem übrigen Cidre verrühren, mit Salz und Zucker würzen.

2 Ein Drittel der Gelatineflüssigkeit in eine mittlere Kastenform (26 cm Länge) gießen, kalt stellen.

3 Für die erste Käseschicht Ziegenkäse mit Schafskäse, Knoblauch, Basilikum verrühren, mit Pfeffer würzen, auf die erstarrte Geleeschicht drücken.

4 Ein weiteres Drittel der Flüssigkeit auf die Käsecreme gießen, wieder kalt stellen.

5 Für die zweite Käseschicht Camembert und Weichkäse von der Rinde befreien, mit Pfeffer, Muskat bestreuen, pürieren.

6 Masse zwischen zwei Frischhaltefolien zu Kastenformgröße ausrollen, auf die erste Schicht geben, die restliche Flüssigkeit daraufgießen, kalt stellen.

7 Für die dritte Käseschicht Edelpilzkäse mit Frischkäse und Butter cremig rühren, zwischen zwei Frischhaltefolien zu Kastenformgröße ausrollen, auf die letzte Geleeschicht drücken, kalt stellen.
Die Käsepastete nach frühestens 10 Stunden stürzen.

Beilage:

Baguette oder Schwarzbrot, Weintrauben.

Tip:

Geliert der Cidre vor der Fertigstellung ihn wieder im Wasserbad erwärmen, bis er flüssig ist. Das Stürzen fällt leichter, wenn die Form vor dem Einfüllen ganz mit Frischhaltefolie ausgeschlagen wird.

Ausgebackene Wurstspiesse mit Tomatensauce

Zubereitungszeit: 40 Min.

Pro Portion:
E: 28 g, F: 89 g, Kh: 26 g,
kJ: 4488, kcal: 1072

- **12 Frankfurter Rindswürste (je 125 g) oder Bockwürste**

Für den Ausbackteig:

- **375 g Weizenmehl**
- **375 ml (3/8 l) helles Bier**
- **125 ml (1/8 l) Mineralwasser**
- **2 Eigelb**
- **Salz**
- **100 g geriebener alter Holland-Gouda**
- **150 g zerlassene Butter**
- **2 Eiweiß**

- **1 1/2 kg Fett zum Ausbacken**

Für die Sauce:

- **2 Dosen (je 400 g) Tomatenstücke**
- **grob gemahlener schwarzer Pfeffer**
- **einige Tropfen Tabasco**
- **2 abgezogene Knoblauchzehen**
- **1 Bund gehackte, glatte Petersilie**
- **100 g Tomatenpaprika (aus dem Glas)**

1 Für den Ausbackteig Mehl, Bier, Mineralwasser, Eigelb, Salz, Käse und Butter mit dem Handrührgerät mit Rührbesen zu einem glatten Teig verrühren, 15 Minuten zum Quellen stehen lassen.

2 In der Zwischenzeit die Würste in jeweils 5 Stücke teilen und auf zwölf Holzspieße stecken.

3 Eiweiß zu steifem Schnee schlagen, zum Schluß unter den Teig rühren.

4 Wurstspieße mit Hilfe zweier Gabeln in dem Teig wenden, den Teig etwas ablaufen lassen.

5 Die Spieße in dem Fett in einer Friteuse bei 180 °C schwimmend in etwa 5 Minuten goldbraun ausbacken.

6 Für die Tomatensauce Tomatenstücke mit Pfeffer, Tabasco, zerdrücktem Knoblauch, gehackter Petersilie und gewürfeltem Tomatenpaprika verrühren.

7 Die kalte Tomatensauce zu den heißen Wurstspießen servieren.

Abwandlung:

Ausgebackene Gemüsespieße
Statt der Wurststückchen Gemüsestücken auf die Spieße stecken. Gemüsesorten, wie Möhren und Blumenkohl müssen vorher blanchiert werden; Pilze oder Zucchini dagegen nicht.

Tip:
Verschiedene Dips (siehe Seite 10) zu den Wurstspießchen reichen.

Gefüllte Brühwürste

Foto
Zubereitungszeit: 40 Min.

Pro Portion:
E: 54 g, F: 59 g, Kh: 2 g,
kJ: 3330, kcal: 796

- **12 Brühwürste (je etwa 150 g)**
- **4 Zwiebeln**
- **40 g Butter**
- **250 g mittelalter Holland-Gouda**
- **4 EL gehackte, glatte Petersilie**
- **4 EL Schnittlauchröllchen**
- **2 EL Zitronenmelisse**
- **grob gemahlener Pfeffer**
- **1 Becher (150 g) Crème fraîche**
- **24 Scheiben Bacon**

1 Würste der Länge nach tief einschneiden, so daß sie unten noch zusammenhängen.

2 Zwiebeln abziehen, würfeln, in der Butter glasig dünsten. Käse fein würfeln.

3 Abgekühlte Zwiebeln mit den gehackten Kräutern, Pfeffer, Crème fraîche und Käsewürfeln mischen. Die Würste damit bergartig füllen.

4 Je 2 Scheiben Bacon um eine Wurst wickeln, auf einem Backblech in den Backofen schieben.

Ober-/Unterhitze:
etwa 200 °C (vorgeheizt)
Heißluft:
etwa 180 °C (nicht vorgeheizt)
Gas: Stufe 3–4 (vorgeheizt)
Bratzeit: etwa 15 Min.

Beilage:
Frische Brötchen und Salat.

Tip:
Brühwürste mit Knoblauch nehmen.

Pellkartoffeln mit verschiedenen Saucen

Zubereitungszeit: 60 Min.

Pro Portion:
E: 12 g, F: 11 g, Kh: 59 g,
kJ: 1646, kcal: 392

- **4 kg Kartoffeln**
- **Salzwasser**

Für die Tomatensauce:

- **3 Zwiebeln**
- **2 Knoblauchzehen**
- **4 EL Olivenöl**
- **2 EL brauner Zucker**
- **5 EL Kräuteressig**
- **1 Dose (800 g) geschälte Tomaten**
- **5 EL Tomaten-Ketchup**
- **4 EL Tomatenmark**
- **Salz**
- **frisch gemahlener Pfeffer**

Für die Kräutersauce:

- **200 g Kräuter-Schmelzkäse**
- **100 g Schmelzkäse**
- **250 ml (1/4 l) Milch**
- **5 EL gehackte Kräuter, z. B. Petersilie, Kerbel**

1 Die Kartoffeln gründlich waschen und in Salzwasser etwa 25 Minuten kochen, abgießen, abdämpfen.

(Fortsetzung Seite 134)

2 Für die Tomatensauce Zwiebeln und Knoblauch abziehen, würfeln, in erhitztem Öl andünsten. Zucker unterrühren, mit Essig ablöschen, 3–4 Minuten kochen lassen.

3 Die Tomaten, Ketchup und Tomatenmark unterrühren, dabei die Tomaten zerdrücken, zum Kochen bringen, einige Minuten kochen lassen.

4 Mit dem Pürierstab kurz pürieren und die Sauce mit den Gewürzen abschmecken.

5 Für die Kräutersauce den Schmelzkäse mit der Milch unter Rühren erhitzen, bis der Käse geschmolzen ist, abkühlen lassen, die gehackten Kräuter unterrühren.

6 Die Kartoffeln pellen, die Saucen dazureichen.

Beilage:
Gemischter Salat.

Tip:
Die Saucen zu Folienkartoffeln reichen.

Kartoffelspiesschen

Zubereitungszeit: 45 Min., ohne Abkühlzeit

Pro Portion:
E: 18 g, F: 23 g, Kh: 14 g, kJ: 1467, kcal: 350

- **12 Kartoffeln**
- **6 kurze, dicke Brühwürste**
- **Salz**
- **frisch gemahlener Pfeffer**
- **200 g Frühstücksspeckscheiben, z. B. Bacon**
- **Speiseöl**
- **3–4 Zwiebeln**
- **1 Bund Petersilie**

1 Kartoffeln waschen, mit Wasser zum Kochen bringen, in etwa 20 Minuten gar kochen lassen, abgießen, abdämpfen, pellen, erkalten lassen.

2 Brühwürste und Kartoffeln in etwa 1 cm dicke Scheiben schneiden, abwechselnd mit den Speckscheiben auf Spieße stecken, mit Salz, Pfeffer bestreuen.

3 Öl in einer Stielpfanne erhitzen, die Spieße darin von allen Seiten goldbraun braten, herausnehmen, warm stellen.

4 Zwiebeln abziehen, in dünne Scheiben schneiden, in dem Bratfett knusprig braun braten, mit den Kartoffelspießchen anrichten.

5 Petersilie abspülen, trockentupfen, fein hacken und über die Spieße streuen.

Beilage:
Gemischte Salate und pikante Saucen.

Kartoffelblinis mit Lachs

Zubereitungszeit: 80 Min.

Pro Portion:
E: 16 g, F: 45 g, Kh: 41 g, kJ: 2740, kcal: 654

Für den Teig:

- **1 Würfel (42 g) Frischhefe**
- **1 TL Zucker**
- **500 ml (1/2 l) lauwarme Milch**
- **500 g Kartoffeln**
- **500 g Weizenmehl**
- **100 g Butter**
- **Salz**
- **3 Eier**

- **250 ml (1/4 l) Speiseöl**

Für die Sauce:

- **2 Becher (je 150 g) Crème fraîche**
- **300 g saure Sahne**
- **Zucker**
- **frisch gemahlener Pfeffer**
- **Zitronensaft**

- **300 g Lachsscheiben**

1 Für den Teig die Hefe zerbröckeln, mit dem Zucker und 5 Eßlöffeln von der Milch anrühren und etwa 10 Minuten gehen lassen.

2 Die Kartoffeln schälen, waschen, fein reiben.

3 Das Mehl in eine Schüssel sieben, in die Mitte eine Vertiefung eindrücken, die angerührte Hefe hineingeben.

4 Die Butter zerlassen, etwas abkühlen lassen, mit dem Rest der Milch und Salz zu dem Mehl geben. Zutaten mit dem Handrührgerät mit Knethaken in 5 Minuten zu einem Teig verarbeiten.

5 Die verschlagenen Eier mit den geriebenen Kartoffeln zu dem Hefeteig geben und unterarbeiten.

6 Den Teig zugedeckt an einem warmen Ort so lange gehen lassen, bis er sich sichtbar vergrößert hat (etwa 20 Minuten). Danach den Teig nochmals auf der höchsten Stufe kurz durchkneten.

7 Das Speiseöl in einer Pfanne erhitzen, den Teig eßlöffelweise hineingeben, flachdrücken, von beiden Seiten goldbraun backen. Die Blinis auf einer vorgewärmten Platte warm stellen.

8 Für die Sauce Crème fraîche mit saurer Sahne glattrühren. Mit Salz, Zucker, Pfeffer und Zitronensaft abschmecken.

9 Die Sauce mit den Lachsscheiben zu den Kartoffelblinis reichen.

Tip:
Blinis mit Crème fraîche und Kaviar servieren.

Käse-Fleisch-Bällchen

Zubereitungszeit: 60 Min.

Pro Portion:
E: 32 g, F: 51 g, Kh: 20 g, kJ: 2964, kcal: 707

- **1 Brötchen vom Vortag**
- **200 ml lauwarme Milch**
- **1,2 kg Hackfleisch (halb Rind-, halb Schweinefleisch)**
- **4 Zwiebeln**
- **80 g Semmelbrösel**
- **2 Eigelb**
- **2 Eier**
- **2 TL gerebelter Majoran**
- **Salz**
- **frisch gemahlener Pfeffer**
- **400 g Camembert**
- **200 g Haferflocken**
- **200 g Butterschmalz zum Braten**

Zum Dekorieren:

- **Gurkenwürfelchen**
- **rote Paprikawürfelchen**
- **Radieschen**

Beilage:

Pommes frites.

1 Brötchen mit der Milch begießen und einweichen lassen, gut ausdrücken.

2 Das Hackfleisch in eine große Schüssel geben. Die Zwiebeln abziehen, fein auf das Hackfleisch reiben. Das ausgedrückte Brötchen, Semmelbrösel, Eigelb, Eier, Majoran, Salz und Pfeffer zufügen und alles gut verkneten.

3 Camembert entrinden, in kleine Würfel schneiden.

4 Aus je 1 gut gehäuften Eßlöffel Fleischmasse kleine Bällchen formen. In die Mitte ein Loch drükken, Käsewürfelchen hineingeben, wieder mit Fleisch schließen und zu einem Bällchen formen.

5 Die Haferflocken in einen tiefen Teller geben, die Bällchen darin wenden.

6 Butterschmalz in einer Pfanne erhitzen, Bällchen darin rundum etwa 8 Minuten braten.

7 Bällchen mit Gurkenwürfelchen, Paprikawürfeln und Radieschen servieren.

Abwandlung:

Bananen-Fleisch-Bällchen

Eine Hackfleischmasse aus 1,5 kg gemischtem Hackfleisch, 3 zerdrückten Bananen, 3 Eiern, 150 g Semmelbröseln, Senf, Paprikapulver, Tabasco, Salz und Pfeffer zubereiten. Kleine Bällchen formen und in Butterschmalz ausbacken.

Tip:

Zum Panieren der Fleischbällchen Mandelblättchen, Sesamsamen oder gehackte Haselnüsse nehmen.

Der süsse Abschluss

Ein Dessert, ob erfrischend-fruchtig oder cremig-fein, es muß in jedem Falle sein!

Obstsalat mit Sekt

Zubereitungszeit: 2 Std.

Pro Portion:
E: 3 g, F: 1 g, Kh: 34 g,
kJ: 953, kcal: 228

- **1 1/2 kg Erdbeeren**
- **12 reife Pfirsiche**
- **1,2 kg grüne Weintrauben**
- **Zucker nach Geschmack**
- **1 1/2 Flaschen süßer Sekt, z. B. Asti Spumante**

1 Von den Erdbeeren die Blättchen abzupfen, große Früchte halbieren.

2 Die Pfirsiche kurz in heißes Wasser geben, dann sofort in kaltes Wasser geben, enthäuten und vom Stein lösen. Fruchtfleisch würfeln.

3 Die Weintrauben waschen, halbieren und entkernen.

4 Alles zusammen gezuckert und mit Sekt begossen etwa 1 Stunde kalt stellen.

Tip:
Den Obstsalat in einer ausgehöhlten Ananashälfte anrichten. Dazu eventuell Mascarpone (dicke schwach säuerliche Sahne) und Amaretti (italienische Mandelmakronen) reichen.

Erdbeer-Grütze mit Vanillesahne

Zubereitungszeit: 70 Min., ohne Erkalten

Pro Portion:
E: 4 g, F: 20 g, Kh: 55 g, kJ: 1825, kcal: 437

Für die Grütze:
- **3 kg Erdbeeren**
- **2 l Wasser**
- **Zitronenschale von 2 Zitronen (unbehandelt)**
- **250 g Zucker**
- **250 g Perl-Sago**
- **Zucker**

Für die Vanillesahne:
- **750 ml (3/4 l) Schlagsahne**
- **Vanillin-Zucker oder 1 Vanillestange**
- **Zucker**

1 Für die Grütze Erdbeeren vorsichtig waschen, gut abtropfen lassen, entstielen, 1/4 der Früchte beiseite stellen. Die übrigen Früchte mit Wasser in einen Kochtopf geben, zum Kochen bringen, auf ein gespanntes Tuch geben, damit der Saft ablaufen kann.

2 Den Fruchtbrei nach dem Erkalten kräftig auspressen, den Saft mit Wasser auf 3 l Flüssigkeit auffüllen, mit Zitronenschale und Zucker zum Kochen bringen.

3 Sago unter Rühren einstreuen, zum Kochen bringen, in etwa 20 Minuten ausquellen lassen. Die Zitronenschale entfernen, die zurückgelassenen Erdbeeren hinzufügen.

4 Die Grütze zum Kochen bringen, 1–2 Minuten kochen lassen, eventuell mit Zucker abschmecken, in eine Schüssel oder Portionsschälchen füllen, erkalten lassen.

5 Für die Vanillesahne Sahne mit Vanillin-Zucker abschmecken oder die Sahne mit dem ausgekratzten Mark von der Vanillestange verrühren, mit Zucker abschmecken, getrennt zu der Grütze reichen.

Abwandlung:

Grüne Grütze

Grütze aus 1 kg gedünsteten Stachelbeeren, 500 g Kiwistückchen, 500 g grünen, halbierten Weintrauben, 1 l Saft (Stachelbeersaft mit Traubensaft), 300 g Zucker und 40 g Speisestärke zubereiten.

Tip:

125–250 g verlesene Himbeeren unter die fertige Grütze rühren.
Statt Vanillesahne eine Vanillesauce zu der Grütze reichen.

Creme au caramel

Foto
Zubereitungszeit: 80 Min., ohne Abkühlzeit

Pro Portion:
E: 8 g, F: 20 g, Kh: 25 g, kJ: 1349, kcal: 322

- **150 g Zucker**
- **1 EL Zitronensaft**
- **500 ml (1/2 l) Milch**
- **500 ml (1/2 l) Schlagsahne**
- **6 Eier**
- **6 Eigelb**
- **75 g Zucker**
- **3 Pck. Vanillin-Zucker**

1 Zucker mit 3 Eßlöffel Wasser und Zitronensaft unter Rühren erhitzen, bis sich der Zucker gelöst hat und braun ist.

2 Den heißen Karamel in eine warme glattwandige Form gießen und ausschwenken, bis die gesamte Form benetzt ist.

3 Milch und Sahne erwärmen, mit Eiern und Eigelb sowie dem Zucker und Vanillin-Zucker verrühren.

4 In einer Fettfangschale Wasser bis kurz vor dem Siedepunkt erhitzen. Karamelform hineinstellen und im Backofen garen.

Ober-/Unterhitze: etwa 170 °C (vorgeheizt)
Heißluft: etwa 150 °C (nicht vorgeheizt)
Gas: etwa Stufe 2 (vorgeheizt)
Garzeit: etwa 60 Min.

5 Creme lauwarm abkühlen lassen, stürzen und kalt stellen.

Sauerrahmcreme

Zubereitungszeit: 80 Min.

Pro Portion:
E: 6 g, F: 29 g, Kh: 31 g, kJ: 1816, kcal: 434

Für die Creme:

- **9 Blatt weiße Gelatine**
- **4 EL Zitronensaft**
- **3 Becher (je 150 g) saure Sahne**
- **3 Becher (je 150 g) Crème fraîche**
- **3 Becher (je 150 g) Joghurt**
- **125 g Zucker**
- **500 ml (1/2 l) Schlagsahne**
- **2 Pck. Vanillin-Zucker**

Für die Brombeersauce:

- **600 g tiefgefrorene Brombeeren**
- **2 Pck. Vanillin-Zucker**
- **80 g Puderzucker**
- **4 EL Rum**

1 Für die Creme Gelatine 10 Minuten in kaltem Wasser einweichen, gut ausdrücken, mit Zitronensaft auflösen.

2 Saure Sahne, Crème fraîche, Joghurt und Zucker verrühren, die aufgelöste Gelatinemischung unterrühren.

3 Masse im Kühlschrank halbfest werden lassen. Sahne mit Vanillin-Zucker steif schlagen, unterheben.

4 Für die Brombeersauce Brombeeren auftauen lassen, pürieren, nach Belieben durch ein Sieb streichen. Puderzucker und Vanillin-Zucker unterrühren.

5 Die Sauce mit Rum abschmekken und getrennt zur Creme reichen.

Tip:
Die Brombeeren mit anderem Beerenobst mischen, z. B. Erdbeeren.

Blanc manger

Foto
Zubereitungszeit: 40 Min., ohne Durchziehzeit, ohne Festwerden

Pro Portion:
E: 18 g, F: 53 g, Kh: 31 g, kJ: 2958, kcal: 707

- **450 g Mandeln**
- **6 bittere Mandeln**
- **300 g Marzipan-Rohmasse**
- **750 ml (3/4 l) Milch**
- **24 Blatt weiße Gelatine**
- **6 EL Rosenwasser**
- **750 ml (3/4 l) Schlagsahne**
- **150 g Zucker**
- **Mandarinenspalten**
- **Mandelblüten**

1 Mandeln mit Wasser bedecken, zum Kochen bringen, etwa 5 Minuten köcheln lassen, abgießen, mit kaltem Wasser abschrecken.

2 Mandeln aus der Schale drükken, mit der Marzipan-Rohmasse und der Milch im Mixer fein pürieren. Die Masse etwa 2 Stunden durchziehen lassen, in ein Mulltuch geben, auspressen.

3 Gelatine 10 Minuten in kaltem Wasser einweichen, in etwa 300 ml Mandelmilch bei kleiner Hitze auflösen, mit der übrigen Mandelmilch, Rosenwasser verrühren, kalt stellen.

4 Sahne mit Zucker steif schlagen, unter die dicklich gewordene Mandelmilch rühren, in eine hübsche Puddingform oder zwölf Förmchen gießen, kalt stellen.

5 Blanc manger frühestens nach 6 Stunden stürzen, mit Mandarinenspalten und wenn möglich mit Mandelblüten dekorieren.

Orangenparfait

Zubereitungszeit: 35 Min., ohne Gefrierzeit

Pro Portion:
E: 5 g, F: 41 g, Kh: 32 g, kJ: 2241, kcal: 536

- **1 1/2 l Schlagsahne**
- **150 g Zucker**
- **3 Pck. Vanillin-Zucker**
- **abgeriebene Schale von 3 Orangen (unbehandelt)**
- **6 Orangen**
- **1 Pck. Orangenplätzchen (200 g)**

1 Schlagsahne mit Zucker, Vanillin-Zucker und Orangenschale steif schlagen. Orangen schälen, filetieren.

2 Die Orangenplätzchen zerdrücken, mit den Orangenfilets unter die Sahne heben, 2–3 Stunden im Gefrierfach frosten lassen.

Tip:
Orangenfilets kurze Zeit in Orangenlikör legen.

Herrencreme

Foto
Zubereitungszeit: 90 Min.

Pro Portion:
E: 7 g, F: 29 g, Kh: 41 g,
kJ: 2033, kcal: 485

- **3 Pck. Puddingpulver Sahne-Geschmack**
- **6 schwach geh. EL Zucker**
- **1½ l kalte Milch**
- **125 ml (⅛ l) Rum**
- **200 g kleingeschnittene Schokolade (etwas zum Garnieren zurücklassen)**
- **750 ml (¾ l) Schlagsahne**
- **3 Pck. Sahnesteif**
- **3 Pck. Vanillin-Zucker**
- **Cocktailkirschen**

1 Puddingpulver mit Zucker und 125 ml von der Milch anrühren, die übrige Milch zum Kochen bringen, von der Kochstelle nehmen, das angerührte Puddingpulver unterrühren, kurz aufkochen lassen.

2 Pudding kalt stellen, ab und zu umrühren. Unter den erkalteten, aber noch nicht fest gewordenen Pudding Rum und Schokolade rühren.

3 Sahne ½ Minute schlagen. Sahnesteif mit Vanillin-Zucker mischen, einstreuen, die Sahne steif schlagen.

4 Etwa ⅔ davon unter den Pudding heben, die restliche Schlagsahne in einen Spritzbeutel füllen.

5 Die Herrencreme mit der zurückgelassenen Schokolade garnieren, mit der restlichen Schlagsahne aus dem Spritzbeutel verzieren, mit Cocktailkirschen garnieren.

Zitronencreme

Zubereitungszeit: 50 Min., ohne Abkühlzeit

Pro Portion:
E: 5 g, F: 12 g, Kh: 22 g,
kJ: 960, kcal: 229

- **3 schwach geh. TL gemahlene Gelatine, weiß**
- **6 EL kaltes Wasser**
- **6 Eigelb**
- **6 EL heißes Wasser**
- **225 g Zucker**
- **abgeriebene Schale von 1 Zitrone (unbehandelt)**
- **150 ml Zitronensaft**
- **6 Eiweiß**
- **375 ml (⅜ l) Schlagsahne**
- **12 halbierte Maraschinokirschen**

1 Gelatine mit etwas Wasser in einem Topf anrühren, 10 Minuten zum Quellen stehen lassen.

2 Eigelb mit heißem Wasser schaumig schlagen, nach und nach Zucker unterschlagen, so lange schlagen, bis eine cremeartige Masse entstanden ist.

3 Zitronenschale mit Zitronensaft unterrühren. Die gequollene Gelatine unter Rühren erwärmen, bis sie gelöst ist, zunächst 3 Eßlöffel der Eigelbmasse hinzufügen, verrühren, die Gelatinemasse unter die übrige Eigelbmasse schlagen, eventuell kalt stellen.

4 Eiweiß steif schlagen. Sahne steif schlagen. Wenn die Masse anfängt dicklich zu werden, beide Zutaten (etwas Schlagsahne zum Verzieren zurücklassen) unterheben.

5 Creme in eine Schale oder in Dessertgläser füllen, kalt stellen, damit sie fest wird, mit der zurückgelassenen Schlagsahne verzieren, mit Maraschinokirschen garnieren.

Tirami su

Foto
Zubereitungszeit: 40 Min.

Pro Portion:
E: 6 g, F: 21 g, Kh: 17 g,
kJ: 1252, kcal: 299

- **200 g Löffelbiskuits**
- **300 ml Espresso (stark gekocht)**
- **2 EL Orangenlikör**
- **6 Eigelb**
- **60 g Zucker**
- **2 Pck. Vanillin-Zucker**
- **500 g Mascarpone**
- **6 Eiweiß**
- **10 g Kakaopulver**

1 Die Hälfte von den Löffelbiskuits in eine große flache, rechteckige Auflaufform legen. Espresso mit Orangenlikör mischen, die Löffelbiskuits mit der Hälfte der Flüssigkeit tränken.

2 Eigelb mit Zucker, Vanillin-Zucker mit Handrührgerät mit Rührbesen schaumig rühren, nach und nach eßlöffelweise Mascarpone unterrühren.

3 Eiweiß steif schlagen, unter die Mascarponemasse heben.

4 Die Hälfte der Creme auf die Löffelbiskuits in der Form geben, die andere Hälfte der Löffelbiskuits darauf schichten, mit der restlichen Espresso-Likör-Mischung tränken, die restliche Creme darübergeben. Die Speise mit Kakaopulver bestäuben, vor dem Servieren kalt stellen.

Tip:
Tirami su am besten am Vortag zubereiten und über Nacht kalt stellen. Statt Orangenlikör Amaretto (Mandellikör) nehmen.

Welfenspeise

Zubereitungszeit: 50 Min., ohne Abkühlzeit

Pro Portion:
E: 8 g, F: 8 g, Kh: 48 g,
kJ: 1463, kcal: 349

Für die Creme:

- **6 Eiweiß**
- **100 g Speisestärke**
- **120 g Zucker**
- **3 Pck. Vanillin-Zucker**
- **1 1/2 l kalte Milch**

Für den Weinschaum:

- **9 Eigelb**
- **220 g Zucker**
- **30 g Speisestärke**
- **750 ml (3/4 l) Weißwein**

1 Für die Creme Eiweiß steif schlagen. Speisestärke, Zucker, Vanillin-Zucker mit 10 Eßlöffeln von der Milch anrühren.

2 Die übrige Milch zum Kochen bringen, von der Kochstelle nehmen, die angerührte Speisestärke unter Rühren hineingeben, kurz aufkochen lassen.

3 Eischnee unter die kochendheiße Speise rühren, kurz aufkochen lassen, die Speise in eine Glasschale füllen (nur zur Hälfte füllen!), kalt stellen.

4 Für den Weinschaum Eigelb mit Zucker, Stärke, Wein in einen Topf geben, mit Handrührgerät mit Rührbesen auf niedrigster Stufe im Wasserbad durchschlagen, bis die Masse durch und durch schaumig ist (sie muß sich etwa verdoppeln – nicht kochen lassen), den Weinschaum erkalten lassen, vorsichtig auf die weiße Creme füllen.

Ratgeber

Wenn nicht anders angegeben, sind die Rezepte für 12 Portionen berechnet, sie können aber beliebig halbiert oder verdoppelt werden.

Wie soll das Fest aussehen? (Gestaltung)

Das Einladen von Gästen zu einer Party hat meist einen Grund: ein Geburtstag, eine Einweihung, eine Verabschiedung oder ein Wiedersehen mit Freunden.
Wie sich dieses Fest gestalten läßt, wird unter anderem durch folgende Punkte vorgegeben:

- Personenzahl
- Platz (räumliche Möglichkeiten)
- Zeitpunkt (Jahres- und Tageszeit)
- küchentechnische Ausstattung.

Bei 6–8 Gästen ist es gemütlich, das Essen am Tisch zu servieren. Je nach Anlaß kann man eine festliche Tafel decken oder ein einfaches Abendessen. Auf jeden Fall sollte der Tisch mit Liebe gedeckt werden, denn auch das Ambiente trägt zu einem guten Essen bei.
Bei 10 und mehr Personen bietet sich ein Buffet an. Wenn nicht ausreichend Sitzplätze vorhanden sind, wird es eine Stehparty; ansonsten sitzt man in kleinen Grüppchen. Das Buffet wird an einem zentralen Punkt plaziert; auch die Küche ist ein guter Platz. Hier hat man gleichzeitig die Möglichkeit, Speisen auf dem Herd warmzuhalten. Eine Alternative wäre, die Speisen auf großen Stövchen oder auf Warmhalteplatten zu stellen. Bei einem Buffet ist zu beachten, daß ausreichend Geschirr und Besteck zur Verfügung gestellt wird.

Hat man einen Garten oder Balkon kann man das Feiern im Sommer ins Freie verlegen. Allerdings sollte man sich für einen plötzlichen Wetterumschwung immer darauf einstellen, daß die Party kurzfristig ins Haus verlegt werden muß.

Brunch am späten Morgen oder am frühen Mittag ist in den letzten Jahren sehr populär geworden. Bei einem Brunch ist zu bedenken, daß man am Vormittag nicht soviel Zeit für die letzten Vorbereitungen hat. Anders sieht es bei einem Fest am Abend aus, wo einem tagsüber mehr Zeit bleibt.
Die küchentechnische Ausstattung ist ein weiterer Punkt, den ich bei der Umsetzung der Rezepte berücksichtigen muß. So sollte man zunächst überprüfen, ob man mit den notwendigen Küchenutensilien (große Kochtöpfe, Auflaufformen) ausgestattet ist oder ob man sich diese eventuell leihen kann.

Was serviere ich? (Speisenauswahl)

Auch die Speisenauswahl wird von den obengenannten Punkten mit beeinflußt. So kann für einen kleineren Personenkreis ein etwas aufwendigeres Rezept ausprobiert werden.

Es geschmacklich allen Gästen recht zu machen, ist noch nie einfach gewesen. Daher sollte man berücksichtigen, daß einige Speisen geschmacklich verschieden sind (z. B. eine Alternative zu Fisch oder zu Käse, so daß eine Auswahlmöglichkeit besteht).

Für das Zusammenstellen von großen Buffets sollte man keine übermäßige Auswahl treffen, sondern sich an das Motto „Weniger ist manchmal mehr" halten. So bleiben die Vorbereitungen für den Gastgeber im Rahmen und das Buffet ist überschaubar.

Auf die genaue Mengenplanung wird im nächsten Abschnitt eingegangen.
Weiterhin schreibt mir die Jahreszeit vor, ob ich frischen Spargel oder einen deftigen Grünkohltopf auf den Tisch bringe.

Bei der Auswahl der Getränke ist erlaubt, was schmeckt. Folgende Hinweise sollten dabei beachtet werden:

- Zu allen nicht süßen Speisen passen trockene Weine am besten.
- Bis auf Rotwein sollten alle Getränke gut gekühlt serviert werden.
- Wein sollte qualitativ angemessen sein, zu einem deftigen Eintopf paßt kein Spitzenwein.
- Einen ausreichenden Vorrat an Mineralwasser bereithalten.

Wieviel brauche ich? (Mengenplanung)

Eine exakte Kalkulation für den Einkauf ist nur schwer zu nennen. Wieviel gegessen und getrunken wird, hängt von der Tagesform, dem Appetit und Durst der Gäste ab. Die durchschnittlichen Mengenangaben für 1 und 20 Portionen (s. Tabelle Seite 154) sind als Anhaltspunkte zur Orientierung gedacht.

Je größer die Gästerunde, um so schwieriger wird die Kalkulation. Die einen essen mehr, die anderen weniger, so daß es sich meist wieder ausgleicht.

Bei einem Buffet sollte man empfindliche Speisen (die nicht eingefroren werden können oder nicht länger aufbewahrt werden sollten) eher knapp bemessen und dafür andere reichlicher einplanen.

Wann muß ich was vorbereiten? (Zeitplan)

Wenn die Mengenplanung steht, geht es an Einkauf und Bestellung. Staffeln Sie Ihre Einkäufe in:

- 1 Woche vor der Party
  (Vorräte überprüfen, Getränke, schmückendes Beiwerk, trockene Lebensmittel, Bestellungen)
- 1 oder 2 Tage vor der Party
  (Lebensmittel, die Sie zum Zubereiten von Gerichten brauchen, die bereits am Vortag gemacht werden)
- am Tag der Party
  (frische Lebensmittel, Bestellungen abholen, Brot).

Damit nichts vergessen wird und die Vorbereitungen möglichst reibungslos ablaufen, ist ein Termin- und Arbeitsplan sehr hilfreich. Auf diesem Plan sollten alle Einzelheiten (Anzahl der Gäste, Speisenplan, Einkäufe, Geschirr, Tischdekoration, sonstige Vorbereitungen) festgehalten werden.

Wenn es dann an das Zubereiten der Speisen geht, sollte man sich die Arbeit so einteilen, daß möglichst viel am Vortag erledigt werden kann.

Um die Arbeitszeiten genauer einzuschätzen, sind bei den Rezepten Zubereitungszeiten angegeben, die als Richtwerte zu betrachten sind.

Mengenangaben

Durchschnittliche Mengen für 1 Portion		Durchschnittliche Mengen für 20 Portionen (Buffet)	
Suppe		**Kleine Häppchen**	100 Stück
als Vorspeise	150–200 ml		
als Hauptgericht	500 ml	**Suppe**	4 l
Blattsalat (Einkaufsgewicht)		**Salat aus Nudeln, Reis, Kartoffeln**	2 kg
als Vorspeise oder Beilage	40–50 g		
Fisch		**Fleisch, Geflügel, Fisch**	3 kg
ganze Fische	300 g		
Filets	150–200 g	**Brot**	4 kg
Fleisch und Geflügel		**Käse**	2 1/2 kg
mit Knochen	250 g		
ohne Knochen	150–200 g	**Dessert**	
Hackfleisch	125 g	(Obstsalat oder Creme)	4 kg
Gemüse (Einkaufsgewicht)			
als Beilage	250 g		
als Hauptgericht	400 g		
Nudeln und Reis (roh gewogen)			
als Beilage	50–75 g		
als Hauptgericht	100–125 g		
Kartoffeln (Einkaufsgewicht)			
als Beilage	200 g		
als Hauptgericht	350–400 g		
Dessert	150 g		
Brot als Beilage	150 g		

Kapitel-Register

Für die kleinen Häppchen

Bunte Kaasspießchen mit fruchtigen Dips 8
Apfelspalten mit Dips 10
Appetithappen 12
Avocado-Aufstrich mit Mozzarella-Käse 12
Gefüllter Tortenbrie 14
Edelpilzkäseschnitten 14
Griechische Käsecreme 16
Lachs-Meerrettich-Butter 16
Paprika-Kresse-Butter 16
Rilettes, Französisches Edelschmalz 18

Alles aus einem Topf

Russischer Hackfleischtopf 20
Chili con Carne 22
Hirtentopf 22
Pfundstopf 24
Scharfer Pfundstopf 24
Kartoffelsuppe „Tante Anna" 26
Minestrone „Veronese" 26
Käse-Porree-Suppe 28
Party-Gulaschsuppe 28
Mitternachtssuppe 30
Mitternachtssuppe mit Hackfleisch 30
Frischer Bohnentopf mit Käse 32
Kalte Tomatensuppe mit Creme 34
Tomatensuppe aus der Provence 34
Scharfe Gemüsesuppe mit Polentarauten 36
Orientalischer Fleischtopf 38

Gut verhüllt oder gut belegt und gebacken

Gefülltes Brot 40
Kräuterbrötchen 42
Blätterteig-Kartoffel-Pastete 44
Gemüseecken mit Käsesauce 46
Party-Pizza 48
Hackfleisch-Ananas-Kuchen 50
Holländische Brotkörbchen 52
Zwiebelkuchen 54
Bratwurstwähe 56
Champignonkuchen 58

Fleischspezialitäten mit, in oder ohne Sauce

Farmersteak 60
Schlemmertopf 62
Bunte Spaghetti-Pfanne 62
Putengeschnetzeltes mit Kräuterfrischkäse 64
Hähnchengeschnetzeltes Stroganoff 64
Räuberhackbraten 66
Schnitzelpfanne 68
Würzige Schnitzelpfanne 68
Schnitzel im Backofen 70
Römische Lammpfanne 70
Lammrücken mit würziger Kruste aus Edelpilzkäse... 72
Filet mit Obst 74
Bunte Fleischpfanne 74
Kasselerbraten mit Kartoffel-Käse-Kruste 76
Gefüllter Schweinebraten 78

Aus dem Ofen, auf den Tisch

Makkaroni-Spinat-Terrine 80
Räucherfisch-Auflauf 82
Landfrauen-Auflauf mit Frühlingsquark 84
Makkaroni-Gemüse-Auflauf 86
Thunfisch-Nudel-Auflauf 88
Polenta-Gratin 88
Lasagne mit Basilikum 90
Käse-Kartoffel-Pfanne 92
Grünkohlauflauf 92
Kartoffelauflauf mit Bacon 94
Bohnenpakete mit Käse 94
Spaghetti-Torte mit Tomatensauce 96
Auflauf von Ravioli 98
Überbackene Maultaschen 98

Kapitel-Register

Knackige Salatideen

Curry-Reis-Salat mit Hähnchen 100
Fruchtiger Curry-Reis-Salat 100
Linsensalat 102
Konfettisalat mit Shrimps 102
„Indianersalat" 104
Sechser Salat 104
Leberkäsesalat 106
Italienische Tomaten 106
Rotkrautsalat mit Preiselbeeren 108
Krautsalat mit Speck 108
Schichtsalat 110
24-Stunden-Salat 110
Brotsalat „Italienisch" 112
Brotsalat „Toskana" 112
Bunter Nudelsalat 114
Heringssalat 114
Kartoffelsalat mit Käse 116
Süß-saure Soleier 116
Marinierte Champignons mit Rosmarin 118
Zwiebelchen, süß-sauer 118

Verschiedene Snacks zum Vorbereiten

Fritierte Gemüseplatte 120
Kartoffelrösti, raffiniert belegt 122
Überbackene Mozzarellapuffer 122
Kartoffelrösti mit Lachs 122
Frühlingsrollen mit süß-saurer Sauce 124
Tacos mit Hackfleischfüllung 126
Käsepastete 128
Ausgebackene Wurstspieße mit Tomatensauce 130
Ausgebackene Gemüsespieße 130
Gefüllte Brühwürste 132
Pellkartoffeln mit verschiedenen Saucen 132
Kartoffelspießchen 134
Kartoffelblinis mit Lachs 136
Käse-Fleisch-Bällchen 138
Bananen-Fleisch-Bällchen 138

Der süße Abschluß

Obstsalat mit Sekt 140
Erdbeer-Grütze mit Vanillesahne 142
Grüne Grütze 142
Creme au caramel 144
Sauerrahmcreme 144
Blanc manger 146
Orangenparfait 146
Herrencreme 148
Zitronencreme 148
Tirami su 150
Welfenspeise 150

Ratgeber 152

Alphabetisches Register

A

Apfelspalten mit Dips 10
Appetithappen 12
Auflauf von Ravioli 98
Ausgebackene Gemüsespieße 130
Ausgebackene Wurstspieße mit Tomatensauce 130
Avocado-Aufstrich mit Mozzarella-Käse 12

B

Bananen-Fleisch-Bällchen 138
Blanc manger 146
Blätterteig-Kartoffel-Pastete 44
Bohnenpakete mit Käse 94
Bohnentopf mit Käse, frischer 32
Bratwurstwähe 56
Brot, gefülltes 40
Brotkörbchen, Holländische 52
Brotsalat „Italienisch" 112
Brotsalat „Toskana" 112
Brühwürste, gefüllte 132
Bunte Fleischpfanne 74
Bunte Kaasspießchen mit fruchtigen Dips 8
Bunte Spaghetti-Pfanne 62
Bunter Nudelsalat 114

C

Champignonkuchen 58
Champignons mit Rosmarin, marinierte 118
Chili con Carne 22
Creme au caramel 144
Curry-Reis-Salat, fruchtiger 100
Curry-Reis-Salat mit Hähnchen 100

E

Edelpilzkäseschnitten 14
Erdbeer-Grütze mit Vanillesahne 142

F

Farmersteak 60
Filet mit Obst 74
Fleischpfanne, bunte 74
Fleischtopf, Orientalischer 38
Französisches Edelschmalz, Rilettes 18
Frischer Bohnentopf mit Käse 32
Fritierte Gemüseplatte 120
Fruchtiger Curry-Reis-Salat 100
Frühlingsrollen mit süß-saurer Sauce 124

G

Gefüllte Brühwürste 132
Gefüllter Schweinebraten 78
Gefüllter Tortenbrie 14
Gefülltes Brot 40
Gemüseecken mit Käsesauce 46
Gemüseplatte, fritierte 120
Gemüsespieße, ausgebackene 130
Gemüsesuppe mit Polentarauten, scharfe 36
Griechische Käsecreme 16
Grüne Grütze 142
Grünkohlauflauf 92
Grütze, grüne 142

H

Hackfleisch-Ananas-Kuchen 50
Hackfleischtopf, Russischer 20
Hähnchengeschnetzeltes Stroganoff 64
Heringssalat 114
Herrencreme 148
Hirtentopf 22
Holländische Brotkörbchen 52

I

„Indianersalat" 104
Italienische Tomaten 106

Alphabetisches Register

K

Kaasspießchen mit fruchtigen Dips, bunte 8
Käsecreme, Griechische 16
Kalte Tomatensuppe mit Creme 34
Kartoffelauflauf mit Bacon 94
Kartoffelblinis mit Lachs 136
Kartoffelrösti mit Lachs 122
Kartoffelrösti, raffiniert belegt 122
Kartoffelsalat mit Käse 116
Kartoffelspießchen 134
Kartoffelsuppe „Tante Anna" 26
Käse-Fleisch-Bällchen 138
Käse-Kartoffel-Pfanne 92
Käse-Porree-Suppe 28
Käsepastete 128
Kasselerbraten mit Kartoffel-Käse-Kruste 76
Konfettisalat mit Shrimps 102
Kräuterbrötchen 42
Krautsalat mit Speck 108

L

Lachs-Meerrettich-Butter 16
Lammpfanne, Römische 70
Lammrücken mit würziger Kruste aus Edelpilzkäse ... 72
Landfrauen-Auflauf mit Frühlingsquark 84
Lasagne mit Basilikum 90
Leberkäsesalat 106
Linsensalat 102

M

Makkaroni-Gemüse-Auflauf 86
Makkaroni-Spinat-Terrine 80
Marinierte Champignons mit Rosmarin 118
Maultaschen, überbackene 98
Minestrone „Veronese" 26
Mitternachtssuppe 30
Mitternachtssuppe mit Hackfleisch 30
Mozzarellapuffer, überbackene 122

N

Nudelsalat, bunter 114

O

Obstsalat mit Sekt 140
Orangenparfait 146
Orientalischer Fleischtopf 38

P

Paprika-Kresse-Butter 16
Party-Gulaschsuppe 28
Party-Pizza 48
Pellkartoffeln mit verschiedenen Saucen 132
Pfundstopf 24
Pfundstopf, scharfer 24
Polenta-Gratin 88
Putengeschnetzeltes mit Kräuterfrischkäse 64

R

Ratgeber 152
Räuberhackbraten 66
Räucherfisch-Auflauf 82
Rilettes, Französisches Edelschmalz 18
Römische Lammpfanne 70
Rotkrautsalat mit Preiselbeeren 108
Russischer Hackfleischtopf 20

S

Sauerrahmcreme 144
Scharfe Gemüsesuppe mit Polentarauten 36
Scharfer Pfundstopf 24
Schichtsalat 110
Schlemmertopf 62

Alphabetisches Register

Schnitzel im Backofen 70
Schnitzelpfanne 68
Schnitzelpfanne, würzige 68
Schweinebraten, gefüllter 78
Sechser Salat 104
Soleier, süß-sauere 116
Spaghetti-Pfanne, bunte 62
Spaghetti-Torte mit Tomatensauce 96
Süß-saure Soleier 116

T

Tacos mit Hackfleischfüllung 126
Thunfisch-Nudel-Auflauf 88
Tirami su 150
Tomaten, Italienische 106
Tomatensuppe aus der Provence 34
Tomatensuppe mit Creme, kalte 34
Tortenbrie, gefüllter 14

U

Überbackene Maultaschen 98
Überbackene Mozzarellapuffer 122

V

24-Stunden-Salat 110

W

Welfenspeise 150
Würzige Schnitzelpfanne 68
Wurstspieße mit Tomatensauce, ausgebackene 130

Z

Zitronencreme 148
Zwiebelchen, süß-sauer 118
Zwiebelkuchen 54

Umwelthinweis

Dieses Buch wurde auf chlorfrei gebleichtem Papier gedruckt.
Die Einschrumpffolie – zum Schutz vor Verschmutzung – ist aus umweltfreundlicher und recyclingfähiger PE-Folie.

Bitte beachten Sie bei Gasherden die Gebrauchsanweisung des Herstellers.

Wenn Sie Anregungen, Vorschläge oder Fragen zu unseren Büchern haben, rufen Sie uns an (05 21) 52 06 42 oder schreiben Sie uns:
Ceres Verlag, Am Bach 11, 33602 Bielefeld.
Wir antworten umgehend.
Die Rezepte sind – wenn nicht anders angegeben – für 12 Personen berechnet.

Wir danken für die freundliche Unterstützung

Deutsche Union Lebensmittelwerke GmbH, Hamburg
Gabriele Fiedler PR, Hamburg
Integra Communication, Hamburg
Ketchum Public Relations, München

Redaktion

Christine Sander

Titelfotos

Brigitte Wegner, Bielefeld
(Foodstyling: Claudia Glünz-Wunder)

Innenfotos

Thomas Diercks, Hamburg
Atelier Peter Frisch, Hamburg
Ulrich Kopp, Füssen
Herbert Maass, Hamburg
Christiane Pries, Borgholzhausen
Norbert Toelle, Bielefeld
Brigitte Wegner, Bielefeld
Bernd Wohlgemuth, Hamburg

Konzept Björn Carstensen, Hamburg
Gestaltung GDH Haselhorst, Bielefeld

Reproduktionen Mohndruck Graphische Betriebe GmbH, Gütersloh
Satz adrupa, Paderborn
Druck Mohndruck Graphische Betriebe GmbH, Gütersloh

ISBN 3–7670–0384–8